本书由江苏大学专著出版基金资助

顾客参与
对知识密集型服务业创新绩效的影响研究

张 瑾 著

A STUDY OF EFFECT
OF CUSTOMER PARTICIPATION
ON KIBS INNOVATION PERFORMANCE

江苏大学出版社
JIANGSU UNIVERSITY PRESS
镇 江

图书在版编目(CIP)数据

顾客参与对知识密集型服务业创新绩效的影响研究 / 张瑾著. — 镇江 ：江苏大学出版社，2014.12
ISBN 978-7-81130-862-4

Ⅰ.①顾… Ⅱ.①张… Ⅲ.①顾客－影响－服务业－企业绩效－研究 Ⅳ.①F719

中国版本图书馆 CIP 数据核字(2014)第 288628 号

顾客参与对知识密集型服务业创新绩效的影响研究
GUKE CANYU DUI ZHISHIMIJIXING FUWUYE CHUANGXIN JIXIAO DE YINGXIANG YANJIU

著　　者/张　瑾
责任编辑/柳　艳　刘澍芃
出版发行/江苏大学出版社
地　　址/江苏省镇江市梦溪园巷 30 号(邮编：212003)
电　　话/0511-84446464(传真)
网　　址/http://press.ujs.edu.cn
排　　版/镇江新民洲印刷有限公司
印　　刷/丹阳市兴华印刷厂
经　　销/江苏省新华书店
开　　本/890 mm×1 240 mm　1/32
印　　张/6.25
字　　数/175 千字
版　　次/2014 年 12 月第 1 版　2014 年 12 月第 1 次印刷
书　　号/ISBN 978-7-81130-862-4
定　　价/32.00 元

如有印装质量问题请与本社营销部联系(电话：0511-84440882)

目　　录

第1章　导　论

1.1　研究背景和意义 001

1.1.1　研究背景 001

1.1.2　研究目的与意义 004

1.2　研究的框架结构及内容安排 005

1.3　研究方法 006

1.4　创新之处 008

第2章　相关课题研究综述

2.1　服务创新 009

2.1.1　创新内涵的演变 009

2.1.2　服务创新的模式 011

2.1.3　服务创新的影响因素 013

2.1.4　服务创新绩效评价的演变 019

2.2　顾客参与服务创新 021

2.2.1　顾客参与的维度划分 022

2.2.2　顾客参与服务创新的驱动因素 028

2.2.3　顾客参与对服务创新绩效的影响 030

2.3　组织学习 032

2.3.1　组织学习的维度划分 032

2.3.2　组织学习的过程 035

2.4　顾客信任 037

2.4.1　合作创新与关系营销中的信任 037

2.4.2 顾客信任的维度 039
2.5 现有研究的评述与启示 041
2.5.1 现有研究的总体评述 041
2.5.2 主要启示 043

第 3 章 顾客参与知识密集型服务业创新
3.1 核心概念的界定 044
3.1.1 知识密集型服务业 044
3.1.2 顾客参与 048
3.1.3 顾客信任 049
3.1.4 服务创新绩效 050
3.2 知识密集型服务业的创新及其绩效 051
3.2.1 服务创新四维度模型 051
3.2.2 服务创新与知识密集型服务业创新 054
3.2.3 知识密集型服务业创新绩效 057
3.3 顾客参与知识密集型服务业创新的方式 059
3.3.1 信息提供 059
3.3.2 合作生产 060
3.3.3 人际互动 060
3.4 顾客参与知识密集型服务业创新的中介机制 061
3.4.1 知识共享在顾客参与和服务创新绩效之间的中介机制 061
3.4.2 组织学习在顾客参与和服务业创新绩效之间的中介机制 070
3.5 本章小结 073

第 4 章 顾客参与对知识密集型服务创新绩效的影响
4.1 概念模型的构建 074
4.2 研究假设的提出 076

4.2.1 顾客参与与组织学习的关系 076
4.2.2 顾客参与与知识共享的关系 079
4.2.3 组织学习与知识共享的关系 082
4.2.4 知识共享与知识密集型服务业创新绩效的关系 083
4.2.5 顾客信任对顾客参与和组织学习关系的调节作用 084
4.2.6 顾客信任对顾客参与和知识共享关系的调节作用 085
4.3 本章小结 086

第5章 顾客参与对知识密集型服务业创新绩效影响的量表设计
5.1 确立量表形式 089
5.2 通过文献回顾形成初始量表 089
5.2.1 顾客参与初始量表 090
5.2.2 顾客信任初始量表 092
5.2.3 组织学习初始量表 094
5.2.4 知识共享量表 095
5.2.5 服务创新绩效量表 096
5.3 通过访谈修改初始量表 097
5.4 预调研 100
5.4.1 预调研对象的基本情况 100
5.4.2 探索性因子分析 102
5.5 形成调查问卷的正式量表 106
5.6 本章小结 108

第6章 顾客参与影响知识密集型服务业创新绩效的研究设计与数据分析
6.1 研究方法 110

6.1.1 调查法 110
6.1.2 结构方程模型 111
6.2 研究设计 112
6.2.1 问卷设计 112
6.2.2 样本选择 113
6.2.3 数据收集 113
6.3 描述性统计分析 114
6.3.1 人员特征 114
6.3.2 企业特征 115
6.4 同源误差检验 116
6.5 信度与效度检验 117
6.5.1 信度检验 117
6.5.2 效度检验 118
6.6 本章小结 124

第7章 顾客参与影响知识密集型服务业创新绩效的模型假设检验
7.1 整体模型检验 125
7.1.1 整体模型的设定 125
7.1.2 整体模型的拟合及假设检验 126
7.1.3 整体模型的修正 128
7.2 组织学习中介效应检验 130
7.2.1 组织学习在信息提供与知识共享之间的中介效应检验 131
7.2.2 组织学习在合作生产与知识共享之间的中介效应检验 132
7.2.3 组织学习在人际互动与知识共享之间的中介效应检验 133
7.3 顾客信任的调节效应检验 134

7.3.1 顾客信任对顾客参与和组织学习关系的调节效应检验 134
7.3.2 顾客信任对顾客参与和知识共享关系的调节效应检验 135
7.4 检验结果的讨论 137
7.4.1 知识共享能显著提升知识密集型服务业创新绩效 138
7.4.2 组织学习能有效促进知识共享 139
7.4.3 顾客参与能够提升知识密集型服务业创新绩效 140
7.4.4 顾客信任在顾客参与和组织学习之间发挥着部分调节作用 143
7.4.5 顾客信任在顾客参与和知识共享之间发挥着积极的调节作用 145
7.5 本章小结 147

第 8 章 研究结论与展望
8.1 主要研究结论 148
8.2 理论贡献及实践启示 151
8.2.1 理论贡献 151
8.2.2 实践启示 153
8.3 研究的局限性与未来研究展望 155
8.3.1 研究的局限性 155
8.3.2 未来研究展望 156
附录 159
参考文献 169

第1章　导　论

1.1　研究背景和意义

1.1.1　研究背景

服务业的迅猛增长及其经济贡献引起了人们对服务业的更多关注。从20世纪60年代开始,以美国为代表的发达国家陆续进入以服务经济为主导的时代。纵观全球,在新一轮产业转移和整合之际,世界经济正由传统制造业逐渐向知识密集型服务业(Knowledge-Intensive Business Service,KIBS)发展。知识密集型服务业作为经济的新引擎,在突破服务业发展瓶颈、优化服务业结构、推进产业结构调整等方面发挥着越来越重要的作用。为了适应复杂多变的外部环境,不断满足顾客日新月异的需求,服务企业需要主动、持续地提供新服务。服务创新更多地表现为一种需求推动的创新活动,单方面组织不能够提供服务创新,在成功的服务创新中顾客均较多地参与到创新过程中,顾客是服务提供者获取创新活动所需要的关键知识的主要来源,因此顾客参与服务创新逐渐进入了人们的视线。顾客参与普通服务业的生产与传递的方式甚为常见,如越来越多的顾客走进面包房自己动手做饼干、设计自己的结婚请柬等。顾客参与行为不仅降低了服务业的生产成本、提高了服务业的效率,还能够使顾客在服务过程中获得心理上的满足,进而提升顾客满意度。顾客参与反映了营销理念从以"物"为中心到以"服务"为中心的变革性转变,顾客被视为主动的价值共创者而非被动的价值接受者。

知识密集型服务业在许多方面与普通服务业存在差异。高创新度是知识密集型服务业的主要特征之一，同时创新也是知识密集型服务业创造和维持竞争优势的手段。知识密集型服务业具有高知识度、高技术度、高互动度和高创新度的特征，对于知识密集型服务业的创新活动，顾客能参与到其中吗？如果顾客能够参与，其行为能提升知识密集型服务业的创新绩效吗？

事实上，知识密集型服务创新更为接近顾客，其创新过程往往能够在同顾客的交互作用过程中产生。余额宝是 2013 年 6 月阿里巴巴集团推出的由第三方支付平台支付宝为个人用户打造的一项余额增值服务。中央银行将余额宝定位为金融创新。余额宝自推出以来便引发各界热议。截止到 2014 年 2 月 28 日，余额宝狂卷 5 000 亿元，用户突破 8 100 万，这一用户数量甚至超过了 A 股股民的数量（沪深股市有效账户数分别为 6 700 万和 6 500 万），平均收益率达 6.093 0%。Hubbert 区分了三种水平的顾客参与活动，即低水平的顾客参与、中等水平的顾客参与和高水平的顾客参与。其中，低水平的顾客参与通常只需要顾客的出现，服务就能够得以正常进行；中等水平的顾客参与不仅需要顾客出现，而且还需要顾客投入一定的信息；高水平的顾客参与则不仅需要顾客出现和提供一定的信息，而且需要顾客在服务的提供过程中履行一定的角色，并和企业一起共同完成服务。根据 Hubbert 的研究，余额宝的顾客参与至少是一种中等水平的顾客参与，即顾客不但出现，而且还投入一定的信息。

（1）顾客出现体现在以下方面：余额宝的宣传、销售和交易均依托互联网，顾客不需要到达服务现场，但必须打开电脑或手机，通过互联网出现在客户端。

（2）顾客提供信息体现在两个方面：① 支付宝账户上的闲钱是没有利息的，这部分闲钱对于支付宝用户来说是沉没资金。余额宝的推出很大程度来源于支付宝用户对“利息”的一再要求。据媒体报道，2011 年曾有淘宝卖家质疑支付宝资金管理问题，希望沉淀资金返利于民。余额宝的推出正是阿里巴巴集团从支付宝用户的需求出发,根据顾客当前和潜在需求的信息,主动并专为他们量身打造服务的结果。② 阿里巴巴集团掌握着顾客的两类信息,一是顾客个人信息、交易数据、选择偏好和消费习惯等描述顾客的基本情况的信息;二是顾客在与阿里巴巴集团的淘宝、天猫等接触过程中对于相关产品和服务的反馈和感受,如顾客在淘宝上对商品的评价,这些信息是基于顾客在互联网上的活动而产生的,是顾客向阿里巴巴集团提供的信息。

由此可见,现实中顾客不但能够参与知识密集服务业创新过程,而且顾客的参与对于知识密集型服务业的创新活动必不可少。知识密集型服务业的高知识度、高技术度、高互动度和高创新度等特征以及顾客知识的独特性、不可模仿性、不易清晰地表述性等隐性特点,导致知识密集型服务业创新过程中需要服务创新企业与顾客进行持续的互动、了解、学习,共享顾客的知识,以动态地把握顾客对服务的需求,没有顾客的参与,知识密集型服务业根本无法实现创新。

对服务创新的研究始于20世纪80年代。Barras的逆向产品生命周期模型正式开启了服务创新研究的征程。随着服务业的迅速增长以及在国民经济中贡献度的提升,原来主要关注制造业新产品开发领域的国际上一些研究服务创新的学者,逐渐聚焦于服务及服务创新的特点并基于服务导向视角开展了服务创新的研究,这些研究取得了丰硕的成果。现有的文献丰富了我们对顾客参与服务创新的认识,但专门针对知识密集服务业、探讨顾客参与影响知识密集型服务业创新绩效及其中介机制的研究尚不多见。顾客参与会对知识密集型服务业创新绩效产生怎样的影响?其影响机制又是怎样?对于知识密集型服务业创新而言,组织学习真的必不可少吗?顾客参与能通过组织学习、知识共享提升知识密集型服务业的创新绩效吗?顾客信任在其中又发挥什么样的作用?因此,探索顾客参与是否、如何以及通过怎样的中介机制来提升知识密集型服务业创新绩效是当前急需解决的一个问题。

1.1.2 研究目的与意义

本书围绕服务创新，从顾客参与视角，在借鉴前人研究成果的基础上，结合知识密集型服务业及其创新特征，通过构建顾客参与、顾客信任、组织学习、知识共享及服务创新绩效的结构方程模型，探讨顾客信任在顾客参与和组织学习、顾客参与和知识共享中发挥的调节作用，揭示顾客参与通过组织学习中介作用于知识共享，进而影响知识密集型服务业创新绩效的路径及机制。探索顾客参与对研究知识密集型服务业创新绩效的影响路径及其机制具有重要的理论价值与现实意义。

(1) 丰富现有的服务创新理论。有关服务创新的研究较多地沿用了制造业技术创新的研究思路，其研究方法较多地倾向于技术方法与服务方法的整合，服务创新的理论研究相对缺乏。开展顾客参与对知识密集型服务业创新绩效影响的研究，可以拓展我国服务创新研究的范围，深化对我国知识密集型服务业创新规律的探讨，丰富现有的服务创新理论成果。

(2) 揭示组织学习中介变量在顾客参与知识密集型服务业创新过程中的关键作用，这对于知识密集型服务业的战略选择有重要的现实意义。该研究结果有助于知识密集型服务业管理者将最关键的战略资源集中在对提高创新绩效最重要的影响因素上，从而达到事半功倍的效果。

(3) 揭示顾客信任在顾客参与和组织学习、顾客参与和知识共享中的调节作用。从创新角度说，创新本身面临着技术和市场的不确定性，创新不仅仅带来了效益，更包含了企业在追求潜在利益时所面临的风险和不确定因素。从顾客的角度说，顾客在消费之前通常无法预知服务是否能达到自己的预期，因此为了减少认知风险和不确定性，顾客必须选择值得信任的服务提供者来提供期望的服务。本书将顾客信任引入顾客参与知识密集型服务业创新活动并深化了现有的研究。

(4) 优化服务业结构、推进产业结构的调整的需要。服务业逐渐承担起 GDP 和就业最大贡献者的职责,逐渐发展为我国三次产业结构中最大的产业。知识密集型服务业是创新的源泉、创新的推动者、创新的载体,在国民经济中的前瞻性、领导性和驱动性作用不断加强。我国是人口大国,当前又处于急需走出"微笑曲线"低端、摆脱低端制造、实现产业升级的关键阶段,因此探索知识密集型服务业创新规律,提高知识密集型服务业的全球竞争力,对我国这样一个人口、经济大国,意义十分深远。

1.2　研究的框架结构及内容安排

本书研究的框架结构如图 1-1 所示。

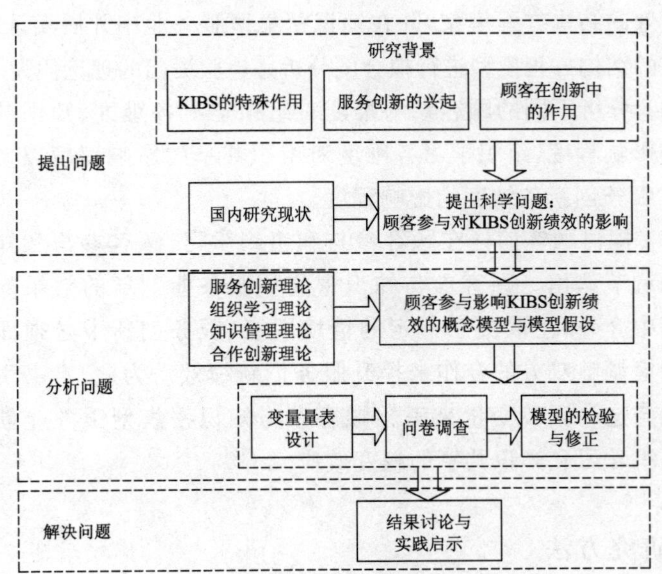

图 1-1　本书研究的框架结构

本书的研究内容主要包括以下几点：

(1) 界定相关概念的内涵。服务业的无形性、易逝性和异质性使得服务业的创新与制造业的创新有质的不同,其无形性、易逝性和异质性衍生出服务业创新的无形性、市场导向性及渐进性。通过对基于服务特性的服务业创新、知识密集型服务业创新及其绩效的分析,本书界定了知识密集型服务业、顾客参与、顾客信任和服务创新绩效的概念。

(2) 探讨组织学习在顾客参与和知识共享之间的中介机制,并进行实证研究。本书试图进一步揭开顾客参与和知识密集型服务业创新绩效之间的"黑箱",探讨组织学习在顾客参与与知识密集型服务业创新绩效之间的中介机制。

(3) 构建顾客参与、组织学习、知识共享以及服务创新绩效之间的结构方程模型,并证实四者各维度之间的关系。在理论和文献分析的基础上,本书提出理论假设,构建顾客参与影响知识密集型服务业创新绩效的结构方程模型,并在知识密集型服务业中开展实证研究,对构建的结构方程模型进行拟合度分析并检验提出的理论假设。

(4) 分析不同的顾客参与维度对组织学习各维度、知识共享各维度的影响程度,组织学习各维度对组织共享的影响程度以及知识共享对服务创新各维度的影响程度。

(5) 探讨顾客信任在顾客参与和组织学习、顾客参与和知识共享中的调节作用。顾客参与知识密集型服务业创新的效果除了一些关键中介外,还取决于一定的情境因素,服务创新中必须面对关键的情境调整双方的合作来提升服务创新绩效。为此,本书引入了顾客参与这一调节变量来考察顾客参与知识密集型服务业创新活动对组织学习和知识共享的权变效应。

1.3 研究方法

本书通过对国内外文献的梳理,基于服务创新理论、组织学习理论、知识管理理论、合作创新理论等相关理论和知识,提出了顾客参与影响知识密集型服务业创新绩效的科学问题，构建了理论研究框架，提出了假设，并通过实证分析验证了假设。本书采用的主要研究方法有以下几种：

(1) 文献研究

文献研究是一种探索性的研究方法，通过分析各类理论与经验研究取得的成果和建议来提出假设和研究基础。本书详尽、系统地梳理了国内外知识密集型服务业创新、服务创新、顾客参与、顾客信任、组织学习和知识管理的最新理论研究成果。结合我国知识密集型服务业创新的实际情况，本书提出了本研究的理论框架以及概念模型。

(2) 问卷调查法

本书在借鉴现有文献的基础上，严格按照量表开发方法和程序进行量表设计。经资料收集、设计、咨询等阶段形成顾客参与量表、组织学习量表、知识共享量表以及知识密集型服务业创新绩效量表，设计成调研问卷。本书借鉴魏江的研究，将调研范围锁定在金融服务业、信息与通讯服务业、科技服务业以及商务服务业。本书选取了知识密集型服务业的从业人员对第一稿问卷进行了预调研，在确定了正式量表后，进行了正式的问卷调查。

(3) 定性分析与定量分析相结合

本书以知识密集型服务业为研究对象，围绕顾客参与如何提升知识密集型服务业的创新绩效这一基本研究命题展开研究。首先对研究对象进行定性分析，系统探讨知识密集型服务业创新的本质特征，分析顾客参与知识密集型服务业的内涵与维度，设计有关顾客参与知识密集型服务业创新活动的量表，揭示顾客参与影响知识密集型服务业创新绩效的机理及其中介机制。其次进行定量分析，针对知识密集型服务业的特点，通过问卷调查采集数据，采用结构方程模型并利用 SPSS 18.0 和 AMOS 7.0 软件对数据进行分析，实证检验本研究提出的理论假设。最后从定性的角度提出提升知识密集型服务业创新绩效的对策建议。定性分析既是出发点又是归宿点。

1.4 创新之处

本书主要取得了以下几方面的创新性研究成果：

(1) 提出顾客参与对知识密集型服务业创新绩效影响的理论框架。本书将组织学习、知识共享同时纳入顾客参与知识密集型服务业创新活动的模型中，构建了顾客参与、组织学习、知识共享、顾客信任及知识密集型服务业创新绩效的结构方程模型，揭示了顾客参与通过组织学习这一中介作用于知识共享，进而影响知识密集型服务业创新绩效的路径及作用机制，补充、完善了现有的顾客参与知识密集型服务业创新的中介机制研究。

(2) 提出组织学习是顾客参与和知识共享之间的中介变量，并细分组织学习的中介作用，指出组织学习在顾客参与和知识共享之间发挥着程度不同的中介作用。已有的研究主要揭示知识转移、知识共享在顾客参与服务创新与绩效之间的中介机制，忽视了组织学习的重要作用。本书揭示了组织学习在顾客参与和知识共享之间的发挥的中介机制，即组织学习在信息提供/合作生产与知识共享之间起着部分中介的作用，而在人际互动与知识共享之间起着完全中介的作用。

(3) 本书引入了顾客信任这一调节变量来考察顾客参与知识密集型服务业创新活动对组织学习和知识共享的权变效应。顾客信任是长期关系的基础，是关系承诺的关键要素。现有的关于顾客信任的研究侧重于顾客关系，而将顾客信任纳入知识密集型服务业创新过程中，并探讨顾客信任对知识密集型服务业创新活动的调节作用的文献却不多见。实证研究结果表明，顾客信任确实能够改善顾客参与和组织学习、顾客参与和知识共享之间的关系。具体而言，认知信任的程度越高，信息提供/人际互动对组织学习的正向效应越明显，信息提供/合作生产对知识共享的正向效应越显著；情感信任的程度越高，信息提供/合作生产/人际互动对组织学习的正向效应越显著，信息提供/合作生产对知识共享的正向效应越明显。

第 2 章　相关课题研究综述

本章将系统梳理有关服务创新、顾客参与服务创新、组织学习以及顾客信任的国内外文献，分析已有文献的研究盲点，探寻可以进一步深入研究之处，为提出科学问题做准备。

2.1　服务创新

有关服务创新的研究始于 20 世纪 80 年代，Barras 的逆向产品生命周期模型正式开启了服务创新研究的征程，有关服务创新的研究如火如荼。早期的服务创新研究是制造业的技术创新研究范式在服务业的延伸，技术创新是被服务创新关注的焦点。随着服务业的迅猛增长及其经济贡献极大提升，学者们开始关注服务及服务创新的特点并基于服务导向视角开展服务创新研究①。学者们围绕服务创新的模式、影响因素和服务创新绩效评价等问题进行了大量的研究，取得了丰硕的成果。在此之前，本书根据国际创新测度领域的重要文献——《奥斯陆手册》②勾勒创新内涵的演变过程：从原先的创新均是技术创新，发展为技术创新为主、服务创新为辅，最终发展为技术创新与服务创新并存的局面。

---

① 杨广，李美云，李江帆：《基于不同视角的服务创新研究述评》，《外国经济与管理》，2009 年第 7 期。

② 邓华，曾国屏：《OECD 创新测度的理论与实践——基于三版〈奥斯陆手册〉的比较研究》，《科学管理研究》，2011 第 4 期。

2.1.1 创新内涵的演变

《奥斯陆手册》第一版局限于制造企业产品和过程创新。创新包括科学、技术、组织、金融和商业的一系列活动,是一个较为宽泛的概念。第一版手册中所涉及的创新调查只与产品和流程的创新有关,而与服务无关,表现在:从创新调查的范围来看,仅限定于企业部门的工业创新;从创新调查的对象看,只涉及技术创新。

《奥斯陆手册》第二版沿用了第一版的概念、定义和方法,虽然囿于技术创新活动,但其附加项目中包含了服务企业,并专门设计了一些涉及服务企业创新的问项。第二版的创新对象不仅包括第一版中技术上的产品与流程创新,还包括组织创新。组织创新指明显改进过的组织结构、采用的更进步的管理与经营技术以及采用新的或有过重大修改的企业策略方向,而组织创新是服务创新的一个类别。因此,本书认为《奥斯陆手册》第二版的创新是以技术创新为主、服务创新为辅。

《奥斯陆手册》第三版仍以制造业产品创新和过程创新为主,但它进一步扩大了创新调查的范围,在前两版的基础上专门增加了关于服务业的创新调查,创新的类型增加了营销创新和组织创新,也就是说《奥斯陆手册》第三版把创新分成产品创新、流程创新、营销创新和组织创新四类,其中产品创新、流程创新主要是技术创新的范畴,营销创新、组织创新主要是服务创新的范畴。因此,本书认为《奥斯陆手册》第三版将服务创新从技术创新中分离出来,形成了技术创新与服务创新并重的局面。

根据以上内容本书整理出《奥斯陆手册》创新内涵的变迁过程,如图 2-1 所示。

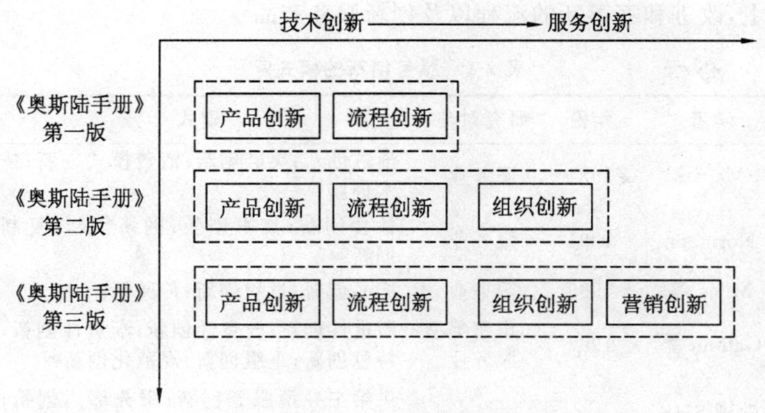

图 2-1　《奥斯陆手册》创新内涵的变迁

2.1.2　服务创新的模式

服务创新的模式多种多样，详见表 2-1。一种根据服务创新的类型来界定，如 Normann 认为服务创新包括社会创新、技术创新、网络创新和复制创新①；Miles 认为服务创新包括产品创新、过程创新及传递创新；张宇和蔺雷认为服务创新包括产品创新、过程创新、组织创新、市场创新、技术创新、传递创新、重组创新及专门化创新②；柳卸林认为服务创新有传统的模式、服务专业的模式、有机的战略创新模式以及网络化的创新模式③。一种根据服务创新的过程来界定，如 Meyers 从消费模式维度和技术（方法）维度两个方面将创新模式归为四种④；许庆瑞等从服务创新的特性角度出发，认为服务创新是在流程改造，应用新技术对老流程进行改造形成新的流程的基

① Normann R. *Service Management, Strategy and Leadship in Service Business*. John Wiley & Sons, 1991.

② 张宇，蔺雷，吴贵生：《企业服务创新类型探析》，《科技管理研究》，2005 年第 9 期。

③ 柳卸林：《对服务创新研究的一些评论》，《科学学研究》，2005 年第 6 期。

④ Meyers P W. Innovation Shift: Lessons for Service Firms from a Technological Leader. American Marketing Association, 1984.

础上,改进和完善新的流程以及创新服务产品[①]。

表 2-1　服务创新的模式[②]

学者	年份	研究对象	模式
Meyers	1984	服务业	渐进创新;突破创新;消费模式创新;技术创新[③]
Normann	1991	服务业	社会创新;技术创新;网络创新;复制创新[④]
Miles 等	1995	服务业	产品创新;过程创新;传递创新[⑤]
Gallouj 等	1997	知识密集型服务业	激进性创新;改良性创新;渐进性创新;特色创新;重组创新;规范化创新[⑥]
欧洲 SI4S 项目小组	1998	服务业	供给主导型服务创新;服务部门创新;顾客引导型创新;服务过程创新;综合创新[⑦][⑧]
Bilderbeek 等	1998	服务业	概念创新;界面创新;组织创新;技术创新[⑨]
张宇,蔺雷,吴贵生	2003	服务业	产品创新;过程创新;组织创新;市场创新;技术创新;传递创新;重组创新;专门化创新[⑩]

---

① 许庆瑞,吕飞:《服务创新初探》,《科学学与科学技术管理》,2003 年第 3 期。

② 根据相关文献整理而来。

③ Meyers P W. Innovation Shift: Lessons for Service Firms from a Technological Leader. American Marketing Association,1984.

④ Normann R. *Service Management, Strategy and Leadship in Service Business*, John Wiley & Sons,1991.

⑤ Miles I, Kastrinos N & Bilderbeek R. Knowledge-intensive Business Services: Their Role as Users, Carriers and Sources of Innovation, Report to the EC DG Ⅻ Ⅱ. Sprint EIMS Programme, 1995.

⑥ Gallou F & Weinstein O. Innovation in Services. *Research Policy*, 1997, 26.

⑦ 同⑥。

⑧ Sundbo J & Gallouj F. Innovation in services. SI4S Project synthesis Workpackage, 1998.

⑨ Bilderbeek R, Hertog D & Marklund G. Service Innovation: Knowledge Intensive Business Service as Co-producers of Innovation. SI4S Project synthesis Workpackage, 1998.

⑩ 张宇,蔺雷,吴贵生:《企业服务创新类型探析》,《科技管理研究》,2005 年第 9 期。

续表

学者	年份	研究对象	模式
柳卸林	2005	服务业	传统模式；服务专业模式；有机战略创新模式；网络化创新模式①
Erik	2006	服务业	激进式创新；渐进式创新；特别创新；重组创新
Ojanen 等	2007	咨询业	顾客主导创新；服务创新②
徐建敏，任荣明	2007	知识密集型服务业	前端服务创新；服务过程创新；后端服务创新③
Corrocher 等	2009	知识密集型服务业	互动创新；产品创新；保守创新；组织技术创新④

2.1.3　服务创新的影响因素

企业内部和外部的诸多因素会影响服务创新。Preissl 等指出服务业的异质性很难归纳出服务创新的一般影响因素，体现在从企业、产业到国家的各个层面上⑤：①服务企业的规模。②产业，与不同服务行业特有的服务活动相关。③国家管制。不同国家内的企业就会遇到不同的管制环境。管制会抑制或推动创新活动，并因此引发不同的障碍。

学者们试图去总结服务业创新所遇到的影响因素，表 2-2 系统梳理了各国具有代表性的服务创新的影响因素。

---

① 柳卸林：《对服务创新研究的一些评论》，《科学学研究》，2005 年第 6 期。

② Ojanen V，Salmi P & Torkkeli M. Innovation Patterns in KIBS Organizations：A Case Study of Finnish Technical Engineering Industry. Proceedings of the 40th Hawaii International Conference on System Sciences，2007.

③ 徐建敏，任荣明：《从成功案例看知识密集型服务业创新类型》，《北京理工大学学报》，2007 年第 5 期。

④ Corrocher N，Cusmano L & Morrison A. Modes of Innovation in Knowledge－intensive Business Services Evidence From Lombardy. *Journal of Evolutionary Economics*，2009 (19).

⑤ Preissl B. Barriers to Innovation in Services. Manchester，1998.

表 2-2 服务创新的影响因素

研究者	研究对象	主要结论
美国服务创新调查	服务业	经济因素，包括过大的经济风险、过高的直接创新成本和过高的财务成本等；内部因素，包括组织机制不灵，缺乏技术员工、技术信息和市场信息；其他因素，包括受规章标准的影响、新产品或新服务缺乏消费需求
欧盟统计局	服务业	风险和资金，包括可感知的风险过高、缺乏资金来源、创新成本太高、回收期太长；企业内部知识技能，包括创新潜力太小、缺乏技术人员、缺乏技术信息和市场信息及创新成本难以控制；企业外在知识技能，包括缺乏外部技术服务、缺乏合作的科研机构、缺乏技术机会；规则，包括创新容易被模仿、法律管制等①
Sundbo 和 Gallouj	服务业	内部因素包括企业内的战略制定和管理层、员工以及正式的研究开发部门或其他类似部门，营销部门在服务创新中异常重要；外部因素包括服务业给定的轨道（如一般的管理理念）、技术的轨道、制度的轨道和行为者（顾客、竞争对手、供应商、政府部门等）②
Licht 和 Moch	服务业	市场风险，包括市场开发风险、创新实现风险、创新本身的高成本、不可预测的创新成本、长的分期偿还期限、竞争者模仿带来的高风险；资金局限，包括企业自身缺乏金融资产、难以获得银行贷款和其他外部资金；法律和政治制约，包括管理和授权方面的冗长手续、法律和管制规则；企业内部限制，包括缺乏合格员工、缺乏技术设备、技术的不成熟以及创新的内部限制③

① Mohnent P & Roller L. Complementarities in Innovation Policy. *European Economic Review*, 2005 (6).

② Sundbo J & Gallouj F. Innovation in Services. SI4S Project synthesis Workpackage, 1998.

③ Light G & Moch D. Innovation and Information Technology in Services. *Canadian Journal of Economics*, 1966, 32(2).

续表

研究者	研究对象	主要结论
Srivastava 和 Mansell	服务业	顾客密集度;顾客参与度①
Howells 和 Tether	欧洲服务创新活动	组织结构;人力资源以及技术支撑乏力②
Howells	服务业	知识资产的专用性和知识产权;难于衡量知识资产的价值和融资;贸易与国际化③
Oke	服务业	缺乏对创新绩效的有效测量;对服务开发过程规律不明了;难于用专利等形式对服务创新进行报告;缺乏一定的服务创新政策支持④
Evanglista 和 Sirilli	意大利服务企业	费用高;回报周期长;员工抵制;人才缺乏;信息缺乏;易被模仿;法律规范缺失⑤
Preissl 等	SI4S 项目	缺乏创新能力;缺乏创新成果保护机制;税收系统导致创新障碍;缺乏风险投资⑥
Den Hertog	服务业	人员;组织结构⑦
Howells	知识密集型服务业	知识产权保护的力度不够;规则;信息收集的成本高;员工技能不够;缺乏促进服务创新的机制、文化与体制⑧

① Srivastava L & Mansell R. Electronic Cash and the Innovation Process: A User Paradigm. University of Succex, 1998.

② Howells J & Tether B. Innovation in Services: Issues at Stake and Trends. In: The Studies on Innovation Matters Related to the Implementation of the Community' Innovation and SMEs Programme' Brussels. University of Manchester, 2004.

③ Howells J. Barriers to Innovation and Technology Transfer in Services: Firm Level and Policy issues in a global context. *Tech Monitor*, 2003(3).

④ Oke A. Barriers to Innovation Management in Service Companies. *Journal of Change Management*, 2004, 4(1).

⑤ Evanglista R & Sirilli G. Innovation in the Service Sector-results from the Italian Statistical Survey. *Technological Forecasting and Social Change*, 1998 (58).

⑥ Preissl B. Barriers to innovation in services. Manchester, 1998.

⑦ Hertog D. Knowledge-intensive Business Services as Coproducers of Innovation. *International Journal of Innovation Management*, 2000, 4 (4).

⑧ Howells J. The Nature of Innovation in Services. In: Innovation and Productivity in Services. OECD, 2001.

续表

研究者	研究对象	主要结论
Vermeulen	金融业	风险规避所带来的保守企业文化传统;高度信息技术依赖所带来的业务开发制约①
柳卸林	服务业	内部因素,包括企业内的战略制定和管理层、员工以及正式的研究开发部门或其他类似部门,营销部门在服务创新中异常重要;外部因素包括服务业给定的轨道(如一般的管理理念)、技术的轨道、制度的轨道和行为者(顾客、竞争对手、供应商、政府部门等)②
高强,蔺雷	服务业	政治及法律障碍;金融限制;市场吸收能力障碍;技术障碍;创新管理障碍;人力资源障碍;文化、语言、竞争者模仿、质量证书以及缺乏外界交流和合作等③
杨广等	中国服务业	国有经济比重过高;行业融资困难;服务创新政策环境不完善④
杨广	中国服务业	国有经济比重过高,服务创新动力弱;行政垄断严重;企业合作关联缺乏;创新具有不确定性,服务企业融资困难;服务创新政策环境建设落后,表现为服务创新的保护制度不够,政府支持政策少⑤
许庆瑞	服务业	制度环境⑥
张晶敏	服务业	技术;战略;员工;组织;知识价值链(知识创造、知识转移和知识储存)⑦

① Vermeulen P A M. Managing Product Innovation in Financial Services Firms. *European Management Journal*, 2004, 22(1).

② 柳卸林:《对服务创新研究的一些评论》,《科学学研究》,2005 年第 6 期。

③ 高强,蔺雷:《服务创新的障碍与保护》,《商业时代》,2006 年第 18 期。

④ 杨广,李美云,李江帆:《基于不同视角的服务创新研究述评》,《外国经济与管理》,2009 年第 7 期。

⑤ 杨广:《中国服务创新障碍分析》,《技术经济》,2009 年第 2 期。

⑥ 转引徐建敏:《知识密集型服务业创新过程及关键性影响因素研究》,上海交通大学博士学位论文,2008 年。

⑦ 张晶敏:《知识价值链对服务业创新的影响研究》,吉林大学博士学位论文,2010 年。

续表

研究者	研究对象	主要结论
郭丕斌等	旅游业	创新资源投入要素(宏观环境的构建比微观环境的改善更为重要);创新驱动要素(自我改善的动力比外力影响更重要);创新障碍要素(企业规模较小、企业缺乏投入能力、游客对旅游服务质量的关注度低)①
吕秉梅	零售业	顾客②
李飞等	零售业	公司战略,强调顾客服务以及服务创新的重要性;组织环境,包括文化和团队,其中文化是指公司鼓励创新并把创新付诸于行动的氛围,团队是指公司人员是否有能力和意愿进行有效的创新;管理机制,主要表现为激励机制③
徐建敏	知识密集型服务业	知识特性;知识管理;跨边界合作④
刘顺忠等	知识密集型服务业	良好的创新政策环境⑤
魏江等	知识密集型服务业	按行业分析,创新保护、人力资源和创新资金是三大障碍;对于小型 KIBS 而言,人力资源、创新保护和创新资金问题是阻碍其开展创新活动的关键因素,对于中型 KIBS 企业来说,技术支撑因素对于服务创新过程来说显得尤为重要;对于高创新企业来说,创新保护问题、法律管制是影响创新过程持续开展的重要因素,对于低创新企业,创新保护问题、组织因素在很大程度上制约着企业的创新活动。⑥

① 郭丕斌,王霞,周喜君:《旅游服务创新影响因素研究》,《技术经济》,2013 年第 1 期。

② 吕秉梅:《外商投资对我国零售业的冲击及其对策》,《商业经济与管理》,2000 年第 6 期。

③ 李飞,陈浩,曹鸿星:《中国百货商店如何进行服务创新——基于北京当代商城的案例研究》,《管理世界》,2010 年第 2 期。

④ 徐建敏:《知识密集型服务业创新过程及关键性影响因素研究》,上海交通大学博士学位论文,2008 年。

⑤ 刘顺忠,景丽芳,荣丽敏:《知识型服务业创新政策研究》,《科学学研究》,2007 年第 4 期。

⑥ 魏江,陶颜,翁羽飞:《中国知识密集型服务业的创新障碍——来自长三角地区 KIBS 企业的数据实证》,《科研管理》,2009 年第 1 期。

续表

研究者	研究对象	主要结论
辛枫冬	知识密集型服务业	网络关系；知识转移①
郭丕斌等	知识密集型服务业	创新知识资源，包括外部知识资源和内部知识资源，外部知识资源主要包括供应商、顾问公司、研发机构或大学，内部知识资源包括公司的高层领导、市场人员、技术专家和知识库等；知识共享，主要指共享环境和知识内隐性；隐性知识；创新保护措施，指保密战略、商标和专利版权等；技术组织缺陷，包括缺乏支持创新的核心技术、核心员工、组织机制和组织结构；成本风险。②
魏江，胡胜蓉	金融业	项目特性因素；员工因素；战略因素；组织因素；技术因素③
程顺根	金融业	企业的各种制度，如经营机制、企业的治理结构和产权制度等。④

通过表 2-2 对服务业创新的影响因素的分析，可以总结出以下几点：

第一，从整体来看，服务创新是一个复杂的过程，它的发生受到多方面因素的制约。

第二，从国内外学者的研究视角来看，国内学者更强调制度因素、政策环境对服务创新的影响。如杨广等认为国有经济比重过高、行业融资困难、服务创新政策环境不完善是制约服务创新的主要因素；许庆瑞指出制度环境是服务创新的主要障碍；国外学者更强调市场因素，如 Licht 和 Moch 指出市场风险，包括市场开发风

① 辛枫冬：《网络关系对知识型服务业服务创新能力的影响研究》，天津大学博士学位论文，2011 年。

② 郭丕斌，许慧，周喜君：《知识密集型服务业创新影响因素研究》，《技术经济》，2011 年第 12 期。

③ 魏江，胡胜蓉：《知识密集型服务业创新范式》，科学出版社，2007 年。

④ 程顺根：《WTO 与商业银行金融服务创新》，《经济界》，2003 年第 3 期。

险、创新实现风险、创新本身的高成本、不可预测的创新成本、长的分期偿还期限、竞争者模仿带来的高风险等是服务创新的首要障碍，如美国服务创新调查表明经济因素，包括过大的经济风险、过高的直接创新成本、过高的财务成本等是服务创新的首要障碍。

第三，从影响因素的范围来看，普通服务业创新的影响因素具有系统性，囊括了内部因素和外部因素，如 Sundbo 和 Gallouj 以及柳卸林的驱动力模型较好地刻画了服务企业活动的多重制约和环境依赖；聚焦到知识密集型服务业，服务创新的影响因素变得相对集中，与知识有关的变量（如知识资源、知识转移、知识共享、知识价值链和知识管理等）被大多数学者认为是服务创新的影响因素，可见知识密集型服务业的创新基础是信息与知识。

第四，从影响因素出现的频率来看，无论是普通服务业，还是知识密集型服务业，亦或是具体的某一个行业（如金融业、旅游业和零售业），目前受认可度较高的服务业创新的影响因素主要有市场风险、顾客、创新保护、与外界的合作交流、网络关系。这些因素均强调服务创新需要其他主体提供信息，进行合作创新。

2.1.4　服务创新绩效评价的演变

所谓服务创新绩效是服务创新活动的产出和成果。服务创新绩效的研究成果相对于知识密集型服务业创新绩效研究较为丰硕。因此，本书首先梳理服务创新绩效的研究现状以便为探讨知识密集型服务业创新绩效提供借鉴。

(1) 整合的服务创新绩效指标

欧洲创新得分板是欧洲创新领先计划（PRO INNO Europe）的一个子项目。2006 年后，其评价指标体系开始关注服务创新，使得指标体系既可用于评价制造业的创新，也能用于评价服务业的创新。该报告重点对欧盟 27 国的高技术制造业和知识密集型服务业进行服务创新评价，并与美国、日本及金砖四国进行比较研究。我国的服务创新评价研究始于 20 世纪末。由于起步较晚，国内学者通常构建整合的体系——既包括技术创新指标体系,也包括服务创新指标的评价指标体系,如陈劲和陈钰芬构建了一套服务创新评价指标体系,包括服务创新的投资指标、能力资源指标及经济效益指标,共计 3 个一级指标、12 个二级指标①。总之,这个时期的服务创新绩效指标是整合的指标,既可以评价服务创新绩效,也可以用来评价技术创新绩效。

(2) 专门针对服务创新绩效的指标

越来越多的研究表明,服务创新带来的绩效不只是财务方面的,还包括诸如改善企业形象、开拓新市场或实现多元化等方面的利益。

Cooper 和 Kleinschmidt 认为服务创新绩效是一个由财务绩效、机会窗口和市场影响力三个相互独立的维度构成的三维概念②。

De Brentani 认为服务创新绩效是一个包含销量和市场份额、竞争力、其他促进因素、成本四个维度的四维概念③。

Kelly 和 Storey 认为服务创新的目的就是提高服务质量、增加市场份额、提升企业形象、提高顾客价值、吸引新顾客、改善竞争优势、节约成本等④。

蔺雷和吴贵生以制造型企业的服务创新作为研究对象,从产品效益和企业效益两个维度评价服务创新绩效,其中产品效益评价主要反映技术创新特性,如销售额和利润率等,企业效益评价侧重于刻画服务创新特性,如改善企业形象、改善竞争力、吸引新顾客和提

① 陈劲:《知识密集型服务业创新的评价指标体系》,《学术月刊》,2008 年第 4 期。

② Cooper R G & Kleinschmidt E. New products: What Separates Winners from Losers. *Journal of Product Innovation Management*, 1987, 4(3).

③ De Brentani U. Success and Failure in New Industrial Services. *Journal of Product Innovation Management*,1991 (6).

④ Storey C & Kelly D. Measuring the Performance of New Service Development Activities. *Service Industries Journal*,2001, 21(2).

高顾客忠诚度等①。

王永贵等将顾客参与创新而带来的项目绩效区分为项目创新绩效与项目运营绩效。项目创新绩效指服务业组织顾客创新结果的新颖性、原创性和有效性等,项目运营绩效反映项目总体实施状况②。

张若勇等指出服务创新绩效可从两个角度进行考察:一是从创新过程的角度来考察,绩效的优劣取决于项目层面上的战略目标;二是从创新结果的角度来考察,包括财务绩效、顾客关系和市场地位③。

辛枫冬在借鉴 Cooper 和 Kleinschmidt 等人研究基础上,从财务、市场、服务质量和顾客四个角度来衡量服务创新的成功,即是否提高了公司利润,是否提高了市场份额,是否提升了服务质量以及是否提高了顾客满意度④。

王家宝、陈继祥用财务绩效、顾客绩效及内部绩效来评价服务创新绩效⑤。

2.2 顾客参与服务创新

由于服务创新更多地表现为一种需求推动的创新活动,单方面组织不能够提供服务创新,在成功的服务创新中顾客均较多地参与到创新过程中,因此顾客参与服务创新逐渐进入了人们的视线。顾客参与的维度划分、顾客参与服务创新的驱动因素以及顾客参与对

① 申静,张梦雅:《服务创新评价研究的现状、特点与未来》,《情报科学》,2012年第2期。

② 卢俊义,王永贵:《顾客参与服务创新与创新绩效的关系研究——基于顾客知识转移视角的理论综述与模型构建》,《管理学报》,2011年第8期。

③ 张若勇,刘新梅,张永胜:《顾客参与和服务创新关系研究:基于服务过程中知识转移的视角》,《科学学与科学技术管理》,2007年第10期。

④ 辛枫冬:《网络关系对知识型服务业服务创新能力的影响研究》,天津大学博士学位论文,2011年。

⑤ 王家宝,陈继祥:《关系嵌入、学习能力与服务创新绩效》,《软科学》,2011年第1期。

服务创新绩效的影响等问题引起了学者们的广泛关注。

2.2.1 顾客参与的维度划分

对顾客参与的研究主要源于服务业的发展。与有形产品不同,服务的不可分割性决定了服务的生产过程和顾客消费过程是同时进行的。服务的生产与消费的同步性决定了服务生产过程中需要顾客的参与。顾客参与是个多维度的概念,理论界对顾客参与的测度还没形成定论,学者们分别从顾客参与的深度和广度进行了探讨。

(1) 基于顾客参与的深度对其进行维度划分

Hubbert 区分了三种水平的顾客参与的活动:低水平的顾客参与、中等水平的顾客参与和高水平的顾客参与①,如表 2-3 所示。其中,低水平的顾客参与是指为了服务的正常进行,需要顾客的出现;中等水平的顾客参与不仅需要顾客出现,而且还需要顾客投入一定的信息;高水平的顾客参与则不仅需要顾客出现和提供一定的信息,而且需要顾客在服务的提供过程中履行一定的角色,并和企业一起共同完成服务。

表 2-3 不同服务的顾客参与水平②

	低水平的顾客参与	中等水平的顾客参与	高水平的顾客参与
要求	服务供应时要求顾客在场	完成服务需要顾客投入	要求顾客积极参与,生产服务产品
服务的最终形式	服务产品是标准化的	一种定制化的标准服务产品	定制化的服务产品
是否需要顾客购买	提供服务而不考虑顾客是否购买	提供服务,要求顾客购买	离开顾客的购买和积极参与不能完成服务

① Hubbert A R. Customer Co-creation of Service Outcomes: Effects of Locus of Causality Attributions. Arizona State University, 1995.

② [美]瓦拉瑞尔·A.泽丝曼尔:《服务营销》,张金成,白长虹译,机械工业出版社,2002 年。

续表

	低水平的顾客参与	中等水平的顾客参与	高水平的顾客参与
顾客的投入类别	付款可能是唯一要求的顾客投入	为形成完整的服务产品，顾客投入（信息、材料）是必需的，但服务公司提供服务	顾客投入是强制性的，有顾客的投入才能完成服务产品的生产
举例	旅行、音乐会、快餐	理发、货物运输、水电代扣	管理咨询、婚庆服务、软件服务、保健、个人理财

基于这种划分，Claycomb 等将顾客参与分为三个维度：出席、信息提供以及合作生产①。其中，出席通过一个顾客一个月内光顾餐馆的次数来衡量；信息提供评估了顾客为餐馆提供信息，为餐馆提供革新性建议以及提供其他顾客信息；合作生产要求顾客扮演部分员工的角色，提供自己的努力、时间等资源及在服务传递过程中提供大量努力去帮助餐馆。

Ennew 和 Binks 以英国的银行和小型企业为研究对象（其中银行是服务提供者，小型企业是顾客），从信息分享、责任行为和人际互动这三个维度来测量小型企业参与银行服务，探讨小型企业参与对银行服务质量、服务满意度和维持的影响②。其中，信息分享指为确保顾客的个人需要被满足，顾客需要将信息传递给服务提供者；顾客责任行为是指顾客在与服务提供者关系中顾客要履行的职责；人际互动包括与员工以及其他顾客间的互动。

张若勇等认为顾客参与包括三个维度：合作生产、顾客接触以

① Claycomb C, Lengnick-Hall C & Inks L. The Customer as a Productive Resources: A Pilot Study and Strategic Implications. *Journal of buisness Strategies*, 2001, 18 (1).

② Ennew C T & Binks M R. Impact of Participative Service Relationships on Quality, Satisfaction and Retention: An Expolratory Study. *Journal of Business Research*, 1999, 46 (2).

及服务定制[①]。

彭艳君采用文献归纳法，对各学者都主张的顾客参与的部分进行了合并，其余的则采取了叠加的原则，总结出顾客参与服务创新的事前准备、信息分享、合作生产以及人际互动四个维度[②]。

姚山季、王永贵认为顾客参与服务创新包含两个维度：信息提供及参与创造[③]。

He 认为顾客参与系统开发可以通过四个维度，即顾客－系统开发关系、责任、亲自动手以及沟通活动[④]。

Zhang 等通过实证研究发现顾客参与服务生产和传递的三个要素是顾客接触、联合生产以及定制化[⑤]。

(2) 基于顾客参与的广度对其进行维度划分

Kellogg 等采用关键事件分析法发现顾客参与有四种形式：事前准备、建立关系、信息交换行为以及干涉行为[⑥]。其中，事前准备指对于服务的准备行为，如顾客事前寻找相关指示、研究竞争者以及准时或提前出现；建立关系指与服务提供者建立关系的行为，如微笑、询问服务人员姓名、表达友善的言词、认识服务提供者和试图建立忠诚度等表现；信息交换行为是指顾客与服务提供者相互提供

---

① 张若勇，刘新梅，张永胜：《顾客参与和服务创新关系研究：基于服务过程中知识转移的视角》，《科学学与科学技术管理》，2007 年第 10 期。

② 彭艳君：《顾客参与量表的构建和研究》，《管理评论》，2010 年第 3 期。

③ 姚山季，王永贵：《顾客参与新产品开发及其绩效影响：关系嵌入的中介机制》，《管理工程学报》，2012 年第 4 期。

④ He J. Knowledge Impacts of User Participation. In: A Cognitive Perspective Computer Personnel Research: Careers, Culture, and Ethics in a Networked Environment. *Tucson*, 2004(4).

⑤ Zhang R Y, Liu X M & Liu D W. Customer Knowledge Transfer and Service Innovation *Performance*: A Customer-firm Interaction Perspective. *Internation/Conference on Service Systems and Service Management*, 2007(6).

⑥ Kellogg D L, Youngdahl W E & Bowen D E. On the Relationship between Customer Participation and Satisfaction: Two Frameworks. *International Journal of Service*, 1997, 8(3).

信息；干涉行为指顾客把负面的情况反馈给企业，并提出诊断与解决问题的建议。

Alam 提出了顾客参与的较为经典的维度，即顾客参与目标、顾客参与阶段、顾客参与强度和顾客参与模式四个要素①。

在此基础上，Van der horst 通过参与目标、参与强度以及参与模式 3 个维度度量金融服务开发中的顾客参与活动②。

Luteberget 则对顾客参与模式和参与动因做出了调整，参与阶段则包括服务开发和服务商业化两个概念③。

Carbonell 等认为顾客参与表现为四个维度：与顾客见面的频率、与顾客磋商的程度、顾客出席项目团队以及使用顾客参与工具的数量④。

总之，上文系统梳理了不同文献提出的顾客参与的要素，虽然由于研究视角、目的、情境的迥异，学者们构建了顾客参与的不同形式，但各种顾客参与的形式可以归为两类：一类以 Hubbert 提出的三种水平（低水平参与、中等水平参与和高水平参与）的顾客参与为代表；另一类以 Alam 提出的顾客参与包括顾客参与目标、顾客参与阶段、顾客参与强度和顾客参与模式四个要素为代表，如表 2-4 所示。

---

① Alam I. An Exploratory Investigation of User Involvement in New Service Development. *Journal of the Academy of Marketing Science*，2002，30 (3).

② Van der horet. User Involvement in New ICT Service Development：A Comparison of User Involvement in Business vs. Private Users Oriented Pre－competitive Cases. Utrecht University，2008.

③ Luteberget A. Customer Involvement in New Service Development：How Does Customer Involvement Enhance New Service Success. Agder University，2005.

④ Carbonell P，Rodriguez-escudero A I & Pujari D. Customer Involvement in New Service Development：An Examination of Antecedents and Outcomes. *Journal of Product Innovation Management*，2009，26 (1).

表 2-4 顾客参与的维度划分

角度	学者	维度划分
顾客参与的深度	Hubbert	低水平的顾客参与和中等水平的顾客参与和高水平的顾客参与①
	Claycomb 等	出席、信息提供以及合作生产②
	Ennew,Binks	信息分享、责任行为和人际互动③
	张若勇等	合作生产、顾客接触以及服务定制④
	彭艳君	事前准备、信息分享、合作生产以及人际互动⑤
	姚山季,王永贵	信息提供和参与创造⑥
顾客参与的深度	He	顾客一系统开发关系、责任、亲自动手以及沟通活动⑦
	Zhang 等	顾客接触、联合生产和定制化⑧

① Hubbert A R. Customer Co-creation of Service Outcomes: Effects of Locus of Causality Attributions. Arizona State University, 1995.

② Claycomb C, Lengnick-Hall C & Inks L. The Customer as a Productive Resources: A pilot Study and Strategic Implications. *Journal of buisness Strategies*, 2001, 18 (1).

③ Ennew C T & Binks M R. Impact of Participative Service Relationships on Quality, Satisfaction and Retention: An Expolratory Study. *Journal of Business Research*, 1999, 46 (2).

④ 张若勇,刘新梅,张永胜:《顾客参与和服务创新关系研究:基于服务过程中知识转移的视角》,《科学学与科学技术管理》,2007 年第 10 期。

⑤ 彭艳君:《顾客参与量表的构建和研究》,《管理评论》,2010 年第 3 期。

⑥ 姚山季,王永贵:《顾客参与新产品开发及其绩效影响: 关系嵌入的中介机制》,《管理工程学报》,2012 年第 4 期。

⑦ He J. Knowledge Impacts of User Participation. In: A Cognitive Perspective Computer Personnel Research: Careers, Culture, and Ethics in a Networked Environment. *Tucson*, 2004(4).

⑧ Zhang R Y, Liu X M & Liu D W. Customer Knowledge Transfer and Service Innovation Performance: A Customer-firm Interaction Perspective. *International Conference on Service Systems and Service Management*, 2007(6).

续表

角度	学者	维度划分
顾客参与的广度	Kellogg 等	事前准备、建立关系、信息交换行为以及干涉行为①
	Alam	顾客参与目标、顾客参与阶段、顾客参与强度和顾客参与模式②
	Van der horst	参与目标、参与强度以及参与模式③
	Luteberget	服务开发和服务商业化④
	Carbonell 等	与顾客见面的频率、与顾客磋商的程度、顾客出席项目团队以及使用顾客参与工具的数量⑤
	Alison E Lloyd	感知努力、任务定义和信息搜寻⑥
	卢俊义，王永贵 卢俊义，王永贵	顾客参与动机、顾客参与强度、顾客参与阶段和顾客参与方式⑦⑧

① Kellogg D L, Youngdahl W E & Bowen D E. On the relationship between customer participation and satisfaction: Two frameworks. *International Journal of Service*, 1997, 8(3).

② Alam I. An Exploratory Investigation of User Involvement in New Service Development. *Journal of the Academy of Marketing Science*, 2002, 30 (3).

③ Var der horst. User Involvement in New ICT Service Development: A Comparison of User Involvement in Business vs. Private Users Oriented Pre－competitive Cases. Utrecht University, 2008.

④ Luteberget A. Customer Involvement in New Service Development: How Does Customer Involvement Enhance New Service Success. Agder University, 2005.

⑤ Carbonell P, Rodriguez-escudero A I & Pujari D. Customer Involvement in New Service Development: An Examination of Antecedents and Outcomes. *Journal of Product Innovation Management*, 2009, 26 (1).

⑥ Lloyd A E. The Role of Culture on Customer Participation in Services. Hong Kong Polytechnic University, 2003.

⑦ 卢俊义，王永贵：《顾客参与服务创新与创新绩效的关系研究——基于顾客知识转移视角的理论综述与模型构建》，《管理学报》，2011 年第 8 期。

⑧ 卢俊义，王永贵：《顾客参与服务创新、顾客人力资本与知识转移的关系研究》，《商业经济与管理》，2010 年第 3 期。

2.2.2 顾客参与服务创新的驱动因素

(1) 从顾客的角度看,驱动顾客参与服务创新的因素可能有以下几种:

① 为服务过程更有效率而参与,如 Larsson 和 Bowen 指出一些顾客积极地参与服务过程,是因为他们发现参与具有内在的吸引力,而且顾客认为为保证服务质量需要他们积极地参与[①]。

② 为服务结果的有效性而参与,如 Dabholkar 指出为降低金钱或非金钱成本,使得服务效益最大化是顾客参与服务创新,特别是低风险服务或经常性的服务的目的[②];Hippel 指出顾客参与企业创新的动力来自让产品的功能满足当前自身需求[③]。

③ 为自己的情绪或精神上的愉悦感而参与,如 Holbrook 和 Elizabeth 指出顾客主动参与到服务生产或传递过程,可能是希望通过参与得到新鲜感或欢乐[④]。

④ 为获得厂商给予创新者的激励而参与,除让产品的功能满足当前自身需求,Eric Von Hippel 指出顾客有动力参与企业的创新是为了获得厂商给予的激励[⑤]。事实上,正如 Jaworski 和 Kohli 指出的,在顾客参与的过程中,顾客和服务企业都从对方学到了东西,并

---

① Larssonk R & Bowen D E. Organization and Customer: Managing Design and Coordination. *The Academy of Management Review*, 1989, 14 (2).

② Dabholkar P A. Consumer Evaluation of New Technology Based Self Service Options: An Investigation of Alternative Models of Service Quality. *International Journal of Research in Marketing*, 1996, 13(1).

③ Von Hipplel E. The Sources of Innovation. Oxford University Press, 1988.

④ Holbrook M B & Elizabeth C H. The Experiential Aspects of Consumption: Consumer Fantasies, Feelings and Fun. *Journal of Consumer Research*, 1982, 9 (2).

⑤ Von Hipplel E. The Sources of Innovation. *Oxford University Press*, 1988.

且他们双方从互动中发现有用的结果[1][2]。顾客直接参与服务创新活动使得他们能够得到自己期望的服务，提高满意度，并且能够进一步提高对创新产品的认识，获得有关如何使用创新产品的知识，提高其决策能力[3]。

（2）对服务企业而言，积极鼓励顾客参与到服务创新过程中是创新的需要。

① 通过接触现实或潜在顾客的观点或建议来改进与调整其创新，以减少服务创新过程的风险与不确定性，张若勇等指出顾客参与服务创新的过程能够为服务企业提供更多的潜在需求信息和竞争者的信息，从而降低企业在服务创新过程中的风险[4]。范秀成和杜琰琰指出由于服务生产与制造业生产过程的差异，顾客参与服务过程是为了减少其过程的复杂性和结果的不确定性[5]。

② 通过利用顾客的知识、能力以及资源来实现较好的服务创新绩效，如提升顾客满意度、改善企业形象和开拓新市场。张辉等指出，由于顾客是企业生存的基础，开发出满足顾客需要的服务是服务企业生存的需要，因此服务企业吸引顾客参与是创新的需要[6]。

顾客参与服务创新的驱动因素如图 2-2 所示。

---

① Jaworski B & Kohli A. Co-creating the Voice of the Customer. *Service Dominant Logic of Marketing*, 2006, 18 (2).

② Ramirez R. Value Co-production: Intellectual Origins and Implications for Practice and Research. *Strategic Management Journal*, 1999, 20(1).

③ 曹勇，贺晓羽：《知识密集型服务业开放式创新的推进机制研究》，《科学学与科学技术管理》，2010 年第 1 期。

④ 张若勇，刘新梅，王海珍：《顾客—企业交互对服务创新的影响：基于组织学习的视角》，《管理学报》，2010 年第 2 期。

⑤ 范秀成，杜琰琰：《顾客参与是一把“双刃剑”——顾客参与影响价值创造的研究述评》，《管理评论》，2012 年第 12 期。

⑥ 张辉，汪涛，刘洪深：《新产品开发中的顾客参与研究综述》，《中国科技论坛》，2010 年第 11 期。

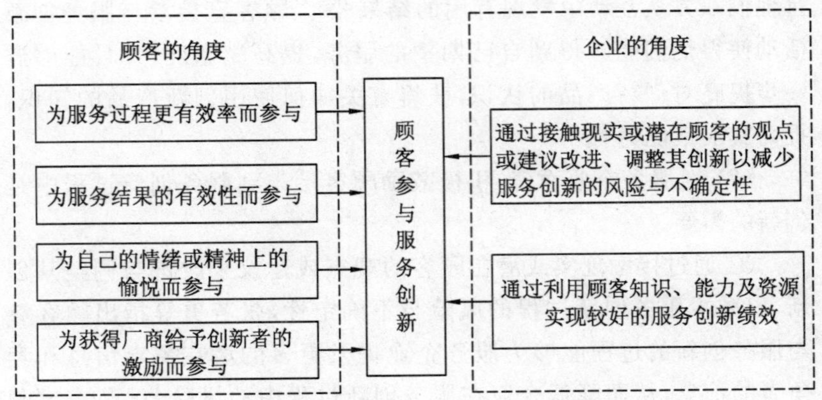

图 2-2 顾客参与服务创新的驱动因素

2.2.3 顾客参与对服务创新绩效的影响

顾客参与服务创新被认为能提升服务创新绩效。Carbonell 等探讨了顾客参与对西班牙服务企业新服务绩效的操作性维度(创新速度和技术质量)和市场维度(竞争性优势和销售绩效)的影响。结果表明,如果顾客高度参与合作生产,那么顾客会将自己看成组织的积极成员,享受服务品牌的自信、自尊及热情,顾客的这些感觉将延续到服务的创造和生产过程中,在这样的情况下,顾客受到为提高服务质量去寻找新信息或交流创造性思想的激励。由于顾客是服务的评价者,高参与度的顾客喜欢他们与服务企业一起改进的服务,因此服务绩效较好;反之,低度参与合作生产的顾客对服务绩效不满意[①]。Ja-Shen Chen 等认为顾客的投入提升了合作生产活动,并且商家将与顾客共同生产新产品和新服务,因而积极地合作能够加强商家的服务创新活动[②]。Still 利用案例研究法,探讨了顾客参与教育部门创新活动的程

---

① Millissa F & Cheung W. Customer Involvement and Perceptions: The Moderating Role of Customer Co-production. *Journal of Retailing and Consumer Services*,2011, 32(18).

② Ja-Shen C, Hung-Tai T & Russell K H C. Co-production and Its Effects on Service Innovation. *Industrial Marketing Management*,2011 (40).

度与影响之间的关系，检验了媒体加强学习服务的创新过程，结果表明顾客参与对服务创新过程及结果有着重要影响①。Andreu 指出在服务传递过程中顾客是重要的参与者，他们有价值的想法改善了服务②。Wu 等的实验研究表明，顾客参与可以提高顾客对产品质量的认知水平，从而提高顾客满意度和忠诚度③④。

然而，并非所有的研究结果都证实顾客参与服务创新能够提升服务创新绩效。Danese 和 Filippini 指出顾客参与对新服务开发绩效的影响并不显著⑤。Chan 分别从顾客和服务员工的角度，检验了在不同文化背景下顾客参与在价值创造过程中发挥的作用。结果发现，顾客参与本身并不具有明显的价值优势，其效果取决于文化背景：集体主义和高权利距离文化中的顾客若享有较高的关系价值，则经济价值较低；反之，若关系价值较低，则经济价值较高⑥。

甚至还有学者发现，顾客参与会导致新服务开发成本的增加和开发周期的延长，并会给服务创新结果带来不确定性，如 Fuchs 和

---

① Still K，Huhtamaki J & Isomursu M. Analytics of the Impact of User Involvement in the Innovation Process and Its Outcomes. Case Study：Media-Enhanced Learning (MEL) service. *Procedia-Social and Behavioral Sciences*，2012，46(8).

② Andreu L，Sanchez I & Mele C. Value Co-creation among Retailers and Consumers：New Insights into the Furniture Market. *Journal of Retailing and Consumer Services*，2010，17(4).

③ Wu J. The Impact of a Customer Profile and Customer Participation on Customer Relationship Management Performance. *International Journal of Electronic Business Management*，2009，7(1).

④ Kleinschmidt、陈劲、何德旭和张雪兰等学者指出与传统的制造业关注新产品销售率和专利这两项指标有所区别，服务创新更关注顾客满意度，因此本书认为顾客满意度是衡量服务创新绩效的指标之一。

⑤ Danese P & Filippini R. Modularity and the Impact on New Product Development Time Performance：Investigating the Moderating Effects of Supplier Involvement and Interfunctional Integration. *International Journal of Operations & Production Management*，2010，30(11).

⑥ Chan K，Yim C & Lam S. Customer Participation in Value Creation a Double-edged Sword? Evidence from Professional Financial Services Across Cultures. *Journal of Marketing*，2010，74(3).

Schreier 指出服务生产与制造业生产过程是有差异的，顾客参与服务过程是为了减少其过程的复杂性和结果的不确定性，但事实上顾客参与其中反而加剧了服务的不确定性，给企业服务过程带来了不稳定的因素①。Grissemann 指出顾客授权策略包含与顾客之间的积极交流沟通。顾客通过直接参与服务创造过程从而对其产生积极的影响，对竞争优势和销售绩效则产生间接影响②。Millissa 则进一步分析了顾客参与提升服务创新绩效的原因。他调查了 349 位银行顾客，指出如果顾客高度参与合作生产，会导致服务出现更多变化③。

2.3 组织学习

2.3.1 组织学习的维度划分

组织学习是一种复杂的、多维度的结构，包含多个子过程。学者们从心理学、管理学和政治学等视角出发对组织学习进行了大量的研究，组织学习的维度划分见表 2-5。从组织学习的定义以及维度划分来看，主流组织学习理论较多关注组织内部学习机制的发挥。周玉泉等认为组织内部学习指由组织内成员组成的“行动社区”整合新知识和已有的知识体系的过程。这些组织内成员往往具有相似的技术背景和工作经历以及关于某些具体问题的理解。随着全球范围内竞争的加剧以及信息技术的发展，组织外部学习受到越来越多学者的关注。组织外部学习主要是指企业通过顾客、供应

① Hsieh A & Yen C. The Effect of Customer Participation on Service Providers' Job Stress. *The Service Industries Journal*, 2005, 25(7).

② Carbonell P, Rodriguez-escudero A I & Pujari D. Customer Involvement in New Service Development: An Examination of Antecedents and Outcomes. *Journal of Product Innovation Management*, 2009, 26 (1).

③ Grissemann U S & Stokburger-Sauer N E. Customer Co-creation of Travel Services: The Role of Company Support and Customer Satisfaction with the Co-creation Performance. *Tourism Management*, 2012 (33).

商、竞争者以及各种形式的合作者进行知识收集、转移、应用和再创造等的一系列活动①。于海波等对全国不同地区 43 家企业的 982 名管理者和员工的问卷调查数据进行了分析，通过探索性和验证性因子分析，表明中国企业的组织学习包括组织间学习、利用式学习、开发式学习、组织层学习、集体学习及个体学习六个维度。其中，组织间学习是指企业间的相互借鉴和学习，主要包括寻找和保存其他企业的经验、与顾客共商未来发展②。

表 2-5　组织学习的维度划分

维度	学者	年份	维度划分
单一维度	Ricarda B Bouncken，Sascha Kraus	2013	未划分维度（单一维度）③
	彼得・圣吉	1994	未划分维度（单一维度）④⑤
	吴翠花等	2012	
	Volpe	1996	未划分维度（单一维度）⑥⑦
	龙飞，戴昌钧	2010	

---

① 周玉泉，李垣：《组织学习、能力与创新方式选择关系研究》，《科学学研究》，2005 年第 4 期。

② 于海波，方俐洛，凌文辁：《组织学习及其作用机制的实证研究》，《管理科学学报》，2007 年第 5 期。

③ Bouncken R B & Kraus S. Innovation in Knowledge-intensive Industries: The Double-edgedsword of Coopetition. *Journal of Business Research*, 2013.

④ ［美］彼得・圣吉：《第五项修炼——学习型组织的艺术与务实》，郭进隆译，上海三联书店，1994 年。

⑤ 吴翠花，李慧，张雁敏：《联盟网络中信任对知识创造影响路径实证研究》，《情报杂志》，2012 年第 7 期。

⑥ Volpe C E, Cannon-Bowers J A & Salas E. The Impact of Cross-training on Team Functioning: an Empirical Investigation. *Human Factors*, 1996, 38(2).

⑦ 龙飞，戴昌钧：《组织知识创新管理基础的结构方程分析与实证》，《科学学研究》，2010 年第 12 期。

续表

维度	学者	年份	维度划分
两个维度	Bierly	1995	组织内部学习、组织外部学习①②
	周玉泉，李垣	2005	
	Atuahene-Gima	2003	探索式学习、利用式学习③④
	蒋春燕，赵曙明	2006	
三个维度	魏江等	2009	获取知识的广度、灵活度、效率⑤
	Hult 等	2003	自发学习、开放学习、学习技巧⑥⑦⑧
	Baker 等	1999	
	张若勇等	2010	

① 周玉泉，李垣：《组织学习、能力与创新方式选择关系研究》，《科学学研究》，2005年第4期。

② Bierly P E & Hamalainen T. Organizational Learning and Strategy. *Scand Management*，1995，11(3).

③ Atuahene-Gima K. The Effect of Centrifugal and Centripetal Forces on Product Development Quality and Speed: How Does Problem Solving Matter? *Academy of Management Journal*，2003，46 (3).

④ 蒋春燕，赵曙明：《社会资本和公司企业家精神与绩效的关系：组织学习的中介作用——江苏与广东新兴企业的实证研究》，《管理世界》，2006年第10期。

⑤ 魏江，李洁，焦豪：《中小企业学习代理模式与组织学习绩效关系实证研究》，《商业经济与管理》，2009年第7期。

⑥ Hult G T M，Ketchen D J & Nichols E L. Organizational Learning as a Strategic Resource in Supply Management. *Journal of Operations Management*，2003，21(5).

⑦ Baker W E & Sinkula J M. The Synergistic Effect of Market Orientation and Learning Orientation on Organizational Performance. *Journal of the Academy of Marketing Science*，1999，27(4).

⑧ 张若勇，刘新梅，王海珍：《顾客—企业交互对服务创新的影响：基于组织学习的视角》，《管理学报》，2010年第2期。

续表

维度	学者	年份	维度划分
三个维度	Sinkula 等 林义屏 谢洪明等 谢洪明 曾萍	1997 2001 2002 2005 2011	学习的承诺、分享愿景、开放心智①②③④
四个维度	Hult, Ferrell	1997	团队导向、系统导向、学习导向以及记忆导向⑤
五个维度	Bontis 等	2002	包括三个学习存量维度(个体、群体和组织)以及两个学习流量维度(前馈和反馈)⑥
六个维度	于海波等	2007	组织间学习、组织层学习、集体学习、个体学习、利用式学习和开发式学习⑦。

2.3.2 组织学习的过程

组织学习的过程相当复杂,对于组织学习的具体过程,学者们的观点差异很大,如表 2-6 所示。Daft 和 Weick 指出组织学习是一

---

① Sinkula J M, Baker W E & Noordewier T. A Frame Work for Market Based Organizational Learning: Linking Values, Knowledge and Behavior. *Journal of the Academy of Marketing Science*, 1997, 25 (4).

② 林义屏:《市场导向、组织学习、组织创新与组织绩效间关系之研究》,台湾中山大学博士学位论文,2001 年。

③ 谢洪明:《市场导向、组织学习与组织绩效的关系研究》,《科学学研究》,2005 年第 4 期。

④ 曾萍:《学习、创新与动态能力——华南地区企业的实证研究》,《管理评论》,2011 年第 1 期。

⑤ Hult G T & Ferrell O C. Global Organizational Learning Capacity in Purchasing: Construct and Measurement. *Journal of Business Research*, 1997, 40(2).

⑥ Bontis N, Crossan M M & Hulland J. Managing an Organizational Learning System by Aligning Stocks and Flows. *Journal of Management Studies*, 2002, 39(4).

⑦ 于海波,方俐洛,凌文辁:《组织学习及其作用机制的实证研究》,《管理科学学报》,2007 年第 5 期。

个解释系统，包括扫描、解释和学习三个阶段，其中扫描即收集资料，解释即赋予资料意义，学习即采取行动。Narver 指出组织学习过程包括三个阶段：认知过程、行为过程和业绩提高过程。认知过程指组织成员开始接受新知识，并开始以不同的方式进行思考；行为过程指组织成员开始具有新的洞察力，着手改变他们的行为方式；业绩提高过程指前期行为的改变使业绩得到提高，前期行为的改变是指提高了顾客满意度等。Dixon 指出组织学习过程类似于个人学习过程，都是信息处理过程，但组织学习的主体是组织，其学习过程更为复杂。他指出组织学习过程具体包括信息获得、信息整合、信息解析与授权行动四个阶段。Crossan 提出以 4I 为框架的组织学习过程。所谓 4I 指直觉、释义、整合和制度化。该模型分别从组织学习的主体（个体、团队和组织）、组织学习的四种心理和社会互动（直觉、释义、整合和制度化）以及组织学习的两个信息流动（前馈流和反馈流）总共三个维度来描述组织学习过程。Slater 和 Narver 在 Sinkula 的基础上，强调组织记忆的作用，认为组织记忆是组织学习的反馈阶段，即组织学习分为信息的获得、信息的传播、共同理解和组织记忆四个阶段。国内学者提出了组织学习的“6P-1B”模型，6P 指组织学习过程，即发现、发明、选择、执行、推广和反馈六个阶段，1B 指一个知识库，且学习系统具有开放性，与外部环境之间存在知识的交流。

表 2-6　组织学习的过程

阶段	学者	年份	组织学习的主要过程
三个阶段	Daft 和 Weick	1984	扫描、解释和学习
	Sinkula	1994	信息获得、信息传播和共同理解
	Narver	2000	认知过程、行为过程和业绩提高

续表

阶段	学者	年份	组织学习的主要过程
四个阶段	Baets	1998	知识的产生、精炼、促进和扩散
	Argyris, Schon	1978	发现、发明、执行和推广
	Dixon	1994	信息获得、信息整合、信息解析与授权行动
	Crossan	1999	直觉、释义、整合和制度化
	Slater 和 Narver	1995	信息获得、信息传播、共同理解和组织记忆
六个阶段	陈国权	2002	发现、发明、选择、执行、推广和反馈

2.4　顾客信任

2.4.1　合作创新与关系营销中的信任

从哈佛商学院技术管理中心主任 Henry 提出开放式创新理论以来，吸纳各类外部主体参与创新过程的各环节，汇聚各方力量的合作创新逐渐兴起。他认为企业在创新过程中要同时充分利用来自企业内部和外部的创新资源，注重将外部创意和外部市场化渠道的作用提升到与封闭式创新模式下的内部创意及内部市场化渠道同样重要的地位，均衡协调企业内外部的资源进行创新。我国创新研究的开创人傅家骥教授在其《技术创新学》一书中界定了合作创新的概念，虽然这一概念侧重于技术创新，但这是我国迄今为止最有影响力的合作创新概念。傅家骥认为合作创新是企业间或企业、科研机构、高等院校之间的联合创新行为，他进一步指出合作创新的基础是合作伙伴的共同利益，前提是资源共享或优势互补。从国外学者的研究动态来看，有关合作创新的实证研究集中在合作创新的动机、成因、功能、组织模式与演化历程等领域。除合作主体间实现资源共享、弥补自身资源的不足，缩短创新时间，分担创新成本，将顾客作为企业最重要的外部合作创新主体外，关于合作创新还有一个共识,即合作创新与信任密切相关。合作创新是合作双方整合资源的过程,要求合作各方协作和信任,而信任能让各方资源得到更充分的交流和整合[①]。Hargrove 在其著作《掌握创新协作》一书中将信任建立活动描述为合作创新的基础。同时,创新是充满风险和不确定性的活动,因此合作伙伴之间必须相互信任,共同分担研发的风险。

关系营销理论强调企业通过信任与顾客之间建立持久关系的重要性。Berry 和 Gronroos 以及 Morgan 和 Hunt 等西方学者认为传统营销模式已不再适应当前的营销环境,关系营销与传统营销理念的最大区别在于,它强调企业要与其交易伙伴以及其他重要的相关群体建立一种互惠互利、相互信赖、长期稳定、共同合作的伙伴关系,并借此获取可持续竞争优势[②]。Morgan 和 Hunt 指出顾客信任是关系营销理论的核心。Sirdeshmukh 等指出信任是长期关系的基础,是关系承诺的关键要素[③]。蔡升桂指出信任在服务业特别重要,是服务业关系重要成功因素。从创新角度说,创新本身面临着技术和市场的不确定性,创新不仅仅只是带来效益,更包含了企业在追求潜在利益时所面临的风险和不确定因素[④]。从顾客的角度说,顾客在消费之前通常无法预知服务质量好坏,顾客必须选择值得信任的服务提供者来传递想要的服务,以减少顾客的认知风险和不确定性。风险是心理学、社会学和经济学概念中认为的信任的一个必要条件。

---

① 李永锋,司春林:《合作创新战略联盟中企业间相互信任问题的实证研究》,《研究与发展管理》,2007 年第 6 期。

② 李颖灏:《国外关系营销导向研究前沿探析》,《外国经济与管理》,2008 年第 12 期。

③ Sirdeshmukh D, Singh J & Sabol B. Consumer Trust, Value and Loyalty in Relational Exchanges. *Journal of Marketing*, 2002, 66 (11).

④ O'Connor G C & McDermott C M. The Human Side of Radical Innovation. *Journal of Engineering and Technology Management*, 2004, 21(2).

2.4.2　顾客信任的维度

信任原是形成于个体早期的心理发展过程中的一个心理学术语。社会学、经济学和管理学均从不同视角理解信任的类型。本书根据国内外学者对维度划分的数目整理出顾客信任的维度划分，见表 2-7。

表 2-7　顾客信任的维度划分

维度	学者	年份	维度划分
单维度	姚山季，王永贵	2010	未划分维度①
两个维度	Mcallister	1995	认知型信任、情感型信任②③④⑤
	王智宁等	2012	
	李辉等	2012	
	刘凤军，李辉	2014	
	McKnight，Chervany	2001	能力信任、善意信任⑥
	吕东	2012	内部信任、外部信任⑦
	Zueker	1986	基于个人的信任和基于制度的信任

① 姚山季，王永贵：《企业—顾客关系影响顾客参与新产品开发的多路径模型》，《经济管理》，2010 年第 11 期。

② McAllister D H. Affect and Cognition-Based Trust as Foundations for Interpersonal Cooperation in Organizations. *Academy of Management Journal*，1995，38(1).

③ 王智宁，吴应宇，叶新凤：《网络关系、信任与知识共享——基于江苏高科技企业问卷调查的分析》，《研究与发展管理》，2012 年第 2 期。

④ 李辉，李敬强，王克稳：《老顾客的价值都一样吗？——基于承诺—信任模型的异质老顾客保留意愿对比研究》，《经济管理》，2012 年第 3 期。

⑤ 刘凤军，李辉：《社会责任背景下企业联想对品牌态度的内化机制研究——基于互惠与认同视角下的理论构建及实证》，《中国软科学》，2014 年第 3 期。

⑥ Mcknight D H & Chervany N L. What Trust Means in E-Commerce Customer Relationships：AnInterdisciplinary Conceptual Typology. *International Journal of Electronic Commerce*，2001.

⑦ 吕东：《转型经济背景下信任、组织学习对技术型新企业获取竞争优势影响的研究》，吉林大学博士学位论文，2012 年。

续表

维度	学者	年份	维度划分
三个维度	Mayer 等	1995	能力信任、善意信任、诚实信任①
	Lewicki，Bunker	1995	计算型信任、了解型信任和认同型信任②
三个维度	王雁飞，朱瑜	2012	组织信任、主管信任、同事信任③④
	黄海艳，李乾文	2011	
	吴翠花等	2012	人际信任、过程信任、制度信任⑤
四个维度	Gronroos	2001	概括性信任、制度性信任、人际性信任和程序性信任⑥
五个维度	吴翠花	2012	真诚、诚实、正直、善意合作和认同感⑦

Mcallister 将信任的维度划分为认知型信任和情感型信任，并得到了较多学者的认同。认知型信任是顾客对服务提供者履约能力的信念，情感型信任指信任双方互相关心对方的利益并且不会采取机会主义行为损害对方利益。McKnight 和 Chervany 对信任的理解与 Mcallister 有异曲同工之处，他们将信任分为能力信任和善意信任，能力信任即对服务提供者的可靠性信任，善意信任即对服

① Mayer R C，Davis J H & Schoorman F. An Integrative of Organizational Trust. *Academy of Management Review*，1995，20(3).

② Lewicki R J & Bunker B B. Trust in Relationship：A Model of Development and Decline. In：Bunker B B & Rubin JZ(Eds). *Conflict，Cooperation and Justice*，1995.

③ 王雁飞，朱瑜：《组织社会化、信任、知识分享与创新行为：机制与路径研究》，《研究与发展管理》，2012 年第 2 期。

④ 黄海艳，李乾文：《研发团队的人际信任对创新绩效的影响——以交互记忆系统为中介变量》，《科学学与科学技术管理》，2011 年第 10 期。

⑤ 吴翠花，李慧，张雁敏：《联盟网络中信任对知识创造影响路径实证研究》，《情报杂志》，2012 年第 7 期。

⑥ Grnroos C. Quo Vadis，Marketing? Toward a Relationship Marketing Paradigm. *Marketing Review*，2001 (3).

⑦ 吴翠花，李慧，张雁敏：《联盟网络中信任对知识创造影响路径实证研究》，《情报杂志》，2012 年第 7 期。

务提供者的诚实性信任。Zueker 指出信任分为基于个人的信任和基于制度的信任。黄海艳等学者从信任对象的角度，将信任分为组织信任、主管信任和同事信任。

2.5 现有研究的评述与启示

2.5.1 现有研究的总体评述

通过对服务创新、知识密集型服务业创新以及顾客参与有关文献的梳理，可以得到以下结论。

(1) 关于服务创新研究

创新的内涵经历了一个从技术创新逐渐发展到技术创新为主、服务创新为辅，最终发展为技术创新与服务创新并存的局面的过程。

对于服务创新的模式，部分学者根据服务创新的类型来界定，还有部分学者根据服务创新的过程来界定。

关于服务创新的影响因素，学者们认为：① 服务创新是一个复杂的过程，它的发生受到多方面因素的制约。② 国内学者更强调制度因素、政策环境对服务创新的影响；国外学者更强调市场因素。③ 普通服务业创新的影响因素具有系统性，囊括了内部因素和外部因素；聚焦到知识密集型服务业，服务创新的影响因素变得相对集中，与知识有关的变量被大多数学者认为是服务创新的影响因素。④ 目前受认可度较高的服务业创新的影响因素主要有市场风险、员工、顾客、创新保护、与外界的合作交流、网络关系，他们均强调服务创新需要与其他主体提供信息，进行合作创新。

对于服务创新绩效评价，本书认为服务创新绩效评价经历了一个发展过程，即从服务创新绩效既可以评价技术创新绩效，又可以评价服务创新绩效，发展为目前服务创新绩效可以完全反映服务创新的特征，但仅仅用来评价服务创新绩效。

(2) 关于顾客参与服务创新的研究

学者们认为顾客参与是个多维度的概念，理论界对顾客参与维度划分还没形成定论，学者们分别从顾客参与的深度和广度进行探讨。从顾客参与的深度来探讨的以 Hubbert 提出的三种水平(低水平参与、中等水平参与和高水平参与)的顾客参与为代表；从顾客参与的广度来探讨的以 Alam 提出的顾客参与包括顾客参与目标、顾客参与阶段、顾客参与强度和顾客参与模式四个要素为代表。

关于顾客参与服务创新的驱动因素，从顾客的角度而言，驱动顾客参与服务创新的因素可能是：① 为服务过程更有效率而参与；② 为服务结果的有效性而参与；③ 为自己的情绪或精神上的愉悦感而参与；④ 为获得厂商给予创新者的激励而参与。从企业的角度可能是：① 通过接触现实或潜在顾客的观点或建议来改进与调整其创新以减少服务创新过程的风险与不确定性；② 通过利用顾客的知识、能力以及资源来实现较好的服务绩效，如提升顾客满意度、改善企业形象、开拓新市场。

大部分学者认为顾客参与服务创新能提升服务创新绩效，但也有学者指出顾客参与对服务创新绩效的影响不显著，导致新服务开发成本增加、开发周期延长，并会给服务创新结果带来不确定性。

(3) 关于组织学习研究

本书梳理了组织学习的维度，主流组织学习理论较多关注组织内部学习机制的发挥，而关注组织外学习的文献不多见。组织学习的过程相当复杂，对于组织学习的具体过程，学者们的观点差异很大。

(4) 关于顾客信任研究

合作创新理论认为创新是充满风险和不确定性的活动，因此合作伙伴之间必须相互信任，共同分担研发的风险。关系营销理论强调企业通过信任与顾客之间建立持久关系的重要性。

2.5.2 主要启示

现有文献丰富了我们对顾客参与知识密集型服务业创新绩效关系的认识，纵观上述文献，本书认为还可以从以下三个方面继续深入开展研究。

(1) 从世界范围内看，对顾客参与的研究发端于 20 世纪 70 年代末期，有关服务创新的研究始于 20 世纪 80 年代，有关顾客参与服务创新的研究如火如荼，然而，相比较于国外的研究进展，国内这方面的研究虽势头强劲但尚处于萌芽状态。因此，可关注情境化，探索中国顾客参与行为及服务创新活动的独特性，开发出能体现国内服务创新活动普遍规律的量表，如分析顾客参与度，区别顾客参与普通服务业和顾客参与知识密集型服务业的维度，设计有关测量题项。

(2) 已有的研究主要揭示知识转移、知识共享在顾客参与服务创新与绩效之间的中介机制，忽视了组织学习的重要作用。同时将组织学习、知识共享纳入顾客参与知识密集型服务业创新的模型中，构建顾客参与、组织学习、知识共享及知识密集型服务业创新绩效模型，揭示顾客参与通过组织学习中介作用于知识共享，进而影响知识密集型服务业创新绩效的路径及作用机制的研究不多见。

(3) 已有的研究对顾客参与行为仅仅关注中介变量及其机制，而对顾客参与服务创新的情境化不够重视，因而有必要对顾客参与和绩效之间关系的调节效应进行研究，深化对我国本土服务创新理论研究。

第3章　顾客参与知识密集型服务业创新

为了更好地揭示顾客参与影响知识密集型服务业创新绩效的机制及路径，本章在界定了相关概念的基础上，围绕本研究主题，研究知识密集型服务业的创新及其绩效、顾客参与知识密集型服务业创新的类型以及顾客参与知识密集型服务业创新的中介机制，为下文构建顾客参与影响知识密集型服务业创新绩效模型及提出研究假设提供理论依据。

3.1　核心概念的界定

3.1.1　知识密集型服务业

(1) 生产性服务业、现代服务业及知识密集型服务业

目前，学者们较多提及的服务业有生产性服务业、现代服务业及知识密集型服务业。

对于生产性服务业的定义，各国学者的观点逐渐趋同，即认为它是一种中间投入，如Coffey，Grubel和Walker等学者均指出生产性服务业是中间投入，在商品或服务生产的投入中扮演中间需求的角色。对于现代服务业的内涵，国内外学者还存在分歧：一种观点认为现代服务业就是生产性服务业，以来有为、刘志彪为代表；另一种观点认为现代服务业不但指新兴产业，还包括经技术改造后的传统服务业，以张国平、周丽萍为代表。但他们的观点仍有共同之处，即都认同现代服务业的高科技知识性与技术密集性。丹尼尔·贝尔在其著作《后工业社会的来临》中提到了“知识服务业”。Miles首

次明确提出了知识密集型服务业的概念，并且得到了广泛的认同。所谓知识密集型服务业是指那些显著依赖于专门领域的专业性知识，向顾客和社会提供以知识为基础的中间产品和服务的公司或组织。随后 Hipp，Dathe 和 Schmid，Beije，Vijbrief，Hales，Muller 和 Zenker，Larsen、王健全，Newell 等，Kuusistoh 和 Meyer 等都探讨了知识密集型服务业的概念。本书认为知识密集型服务业是指那些显著依赖专门领域的专业知识、向社会和顾客提供以知识为基础的中间产品或服务的公司和组织。

(2) 知识密集型服务业的分类及界定

对于知识密集型服务业的分类，学者们持有不同的观点。Miles 等将知识密集型服务业分为传统的专业化服务和基于新技术的知识密集型服务[①]；Muller 和 Zenker 广义地将其定义为主要为其他公司提供有高知识附加值的服务公司[②]；根据我国国民经济行业分类(GB/T 4754－2002)与国际标准产业分类(ISIC/Rev. 3)，魏江将知识密集型服务业划分为四大类，14 个子类，包括金融服务业、信息与通讯服务业、科技服务业与商业服务业[③]；曹勇、佘硕结合《国民经济行业分类》《国民经济行业分类注释》以及《联合国国际标准产业分类》将知识密集型服务业分为科学研究与技术服务、租赁与商务服务、信息技术与计算机及软件服务三大类，包含 7 个中类、23 个子类[④]。除此之外，经济合作与发展组织(OECD)和我国国务院发展研究中心均对知识密集型服务业进行了划分。

---

① Miles I, Kastrinos N & Bilderbeek R. Knowledge-intensive Business Services: their Role as Users. *Carriers and Sources of Innovation*, 1995.

② Muller E & Zenker A. Business Services as Actors of Knowledge Transformation: the Role of KIBS in Regional and National innovation Systems. *Research Policy*, 2001 (10).

③ 魏江，陶颜，王琳：《知识密集型服务业的概念与分类研究》，《中国软科学》，2007 年第 1 期。

④ 曹勇，佘硕：《基于动态分析的中国知识密集型服务业概念与分类研究》，《管理学报》，2009 年第 4 期。

可见，学者们对于知识密集型服务业的分类并未形成一致的观点。受魏江等学者对知识密集型服务业分类的启发，本书在借鉴魏江等学者总结的知识密集型服务业分类①的基础上，补充了一些近年来有代表性的文献，整理结果如表 3-1 所示。表 3-1 中列出较为滞后的知识密集型服务业外延研究成果的原因在于：国外学者关注知识密集型服务业，可以追溯到 20 世纪 90 年代，且 Miles 等学者是研究知识密集型服务业的较为著名的学者，他们的研究较为经典，且具有一定的代表性。国内权威期刊上出现的探讨有关知识密集型服务业的分类的学者为数不多，如魏江、曹勇和佘硕。本书认为魏江的研究，即知识密集型服务业包括金融服务业、信息与通讯服务业、科技服务业以及商务服务业，是所有分类中最能体现知识密集型服务业的特性、最为全面的。因此，本书借鉴魏江的研究，将知识密集型服务业分为金融服务业、信息与通讯服务业、科技服务业以及商务服务业。

① 魏江，陶颜，王琳：《知识密集型服务业的概念与分类研究》，《中国软科学》，2007 年第 1 期。

表 3-1　KIBS 外延①

研究员	市场营销与广告服务	研究与开发服务业	计算机与信息服务业	法律与经济咨询业	技术服务业	管理咨询	金融与保险业	邮政与通信服务	工程服务	技术测试与分析服务	设计类企业	其他商业服务业	软件服务	建筑服务	人力资源服务	新闻媒体、广播影视文化	办公服务	环保服务业	培训业	医疗保健
Miles 等	√	√	√	√	√	√	√	√									√	√	√	
Hermelin	√		√	√	√	√														
Windrum	√	√	√	√	√		√	√	√		√			√	√	√	√	√		
Tomlinson	√		√	√			√					√								
Dathe, Schmin	√	√		√	√		√		√	√				√						
OECD	√	√	√			√			√		√		√			√				√
国务院发展研究中心	√	√	√			√				√	√									
Eurostat	√	√				√	√				√							√		
Kong-Rac-Lee	√	√		√	√		√	√			√		√			√				√
魏江	√	√	√	√	√	√	√	√	√	√		√	√	√	√		√	√		
曹勇，佘硕	√	√	√	√	√	√		√		√		√	√		√					
ISIC	√	√	√	√	√	√			√	√	√	√	√	√	√					
次数统计	11	10	10	9	8	8	7	6	5	5	5	5	5	4	4	3	3	3	2	2

① 魏江，陶颜，王琳：《知识密集型服务业的概念与类型研究》，《中国软科学》，2007 年第 1 期。

3.1.2 顾客参与

经济的全球化、网络化及规制的放松模糊了企业与顾客的角色，顾客开始成为价值创造的主体。对顾客参与的研究发端于20世纪70年代末期，其概念较早出现在服务营销领域。Lovelock和Young是较早明确提出"顾客参与"的学者，他们指出顾客是一种生产要素，是服务生产过程效率提升的重要来源之一，服务公司应该鼓励顾客更多地介入生产过程以提高生产率①。所谓顾客参与是指顾客从精神、智力、实体到情感的努力与投入②。Kristensson指出顾客参与服务创新是为了预测顾客的潜在需求，服务提供者与目前或潜在的顾客在服务开发的项目层次或计划层次开展合作并开发新服务③。Carbonell等则指出顾客参与类似于顾客互动以及顾客伙伴关系，顾客参与服务创新是服务提供者与现有或潜在的顾客在新服务开发的各阶段进行互动，而顾客需求和顾客体验信息被视为新服务成功开发所依赖的资源④。Fang等认为顾客参与服务创新等同于顾客参与新服务开发，既指顾客在产品开发过程中参与的范围，又指顾客参与产品开发各个阶段的程度⑤。卢俊义、王永贵这样理解顾客参与服务创新：满足顾客需求，以顾客关系相关信息资源为基础，在新服务开发的各个阶段进行互

---

① Lovelock C H & Robert F Y. Look to Consumers to Increase Productivity. *Harvard Buisness Review*. 1979, 57(56).

② Silpakit P & Fisk R. "Participating" the Service Encounter: A Theoretical Framework. Service Marketing in a Changing Environment. American Marketing Association, 1985.

③ Kristensson P, Magnusson P R & Matthing J. Users as a Hidden Resource for Creativity: Findings from an Experimental Study on User Involvement. *Creativity and Innovation Management*, 2002, 11(1).

④ Carbonell P, Rodriguez-escudero A I & Pujari D. Customer Involvement in New Service Development: An Examination of Antecedents and Outcomes. *Journal of Product Innovation Management*, 2009, 26 (1).

⑤ Fang E, Palmatier R & Evansk R. Influence of Customer Participation on Creating and Sharing of New Product Value. *Journal of the Academic Marketing Science*, 2008, 36(1).

动，以达到成功开发新服务的目的[①]。

上述试图描述和解释顾客参与服务创新的定义反映了学者们对其内涵的不同感知。虽然学者们关注顾客参与服务创新的内容和重点不尽相同，但基本上都把握住了它的核心。本书认为顾客参与是指服务主体在充分与顾客沟通交流，了解顾客的潜在需求的基础上，整合和利用顾客的资源，与顾客合作，实现创新并提升服务创新绩效的过程。

3.1.3　顾客信任

社会学、经济学和管理学等不同学科均从不同视角对信任进行了界定。管理学，如关系营销理论、关系质量理论、合作创新理论、开放式创新理论、社会资本理论和社会交换理论则从顾客的角度强调信任发挥的作用。社会学视角指出信任是期望，如 Rorter 认为信任是一个个体对另一个个体或组织的言词、承诺、口头或书面的陈述可靠性的一般性期望[②]；Barber 指出信任是一种通过社会交往所习得和确定的预期，是人们对社会秩序的期望、对角色的期望以及对信用和职责的期望[③]。经济学视角强调信任双方的"经济人"理性特征，如 Axelrod 指出信任建立在交易一方对另一方所掌握的信息基础之上，信任是理性个体之间多次重复且无限期博弈的结果，决定信任大小的关键变量是信任方能够获得的与被信任方的动机和能力相关信息的多少[④]；Coleman 指出信任是"一种风险行为"，最简单的信任关系包括信任者和被信任者两个行动者。其中，信任者也被称为委托人，被信任者也被称为代理人。委托人在决定是否信任

① 卢俊义，王永贵：《顾客参与服务创新与创新绩效的关系研究——基于顾客知识转移视角的理论综述与模型构建》，《管理学报》，2011 年第 8 期。

② Rorter J B. A New Scale for the Measurement of Interpersonal Trust. *Journal of Personality*, 1967, 35(3).

③ Barber B. The Logic and Limits of Trust. *Rutgers UniversityPress*, 1983.

④ Axelrod R M. *The Evolution of Cooperation*. Basic Books, 1984.

代理人时必须要权衡两个问题，一是对潜在收益与潜在损失进行比较，二是要判断出代理人失信的可能性有多大①。管理学视角下信任的主体一般是顾客和消费者，或者是交易一方和另一方，强调感知、信心和信任是顾客对于组织所提供服务的质量与可靠度的信心，顾客可以依赖服务提供者传递他们承诺的期望②，是交易的一方依赖于另一方的意愿，即便有可能受到伤害，一方仍然愿意依赖另一方的行为意向③，是顾客对于服务提供者履行责任的能力、信誉与善良的信心④，对交换伙伴可靠性和诚实性信心的感知⑤。

借鉴已有的研究成果，围绕本书研究主题，本书这样界定顾客信任：顾客信任是指顾客对知识密集型服务业的员工、团队及其组织单方面的认知信任与情感信任。

3.1.4 服务创新绩效

从管理学的视角看，绩效组织期望的结果，即组织为了实现发展目标而展现在不同层面的有效输出，包括组织绩效和个人绩效两方面。个人绩效的实现是实现组织绩效的前提。管理学界对绩效的界定可概括为三种观点：① 绩效是行为；② 绩效是结果；③ 强调员工潜能与绩效的关系，它不再认为绩效是对历史的反映，而更应关注员工素质和未来的发展⑥。

所谓服务创新，从广义上说是一切与服务有关或针对服务的创

---

① Coleman J S. *Foundations of social Theory*. Harvard University Press, 1990.

② Sirdeshmukh D, Singh J & Sabol B. Consumer Trust, Value, and Loyalty in Relational Exchanges. *Journal of Marketing*, 2002, 66 (11).

③ Moorman C, Zaltman G & Desh Pande R. Relationships Between Providers and Users of Market Research: The Dynamies of Trust within and between Organizations. *Journal of Marketing Researeh*, 1992, 29(5).

④ Doney P & Cannon J P. An Examination of the Nature of Trust in Buyer-Seller Relationships. *Journal of Marketing*, 1997, 61(4).

⑤ Morgan R M & Hunt S D. The Commiment-Trust Theory of Relationship Marketing. *Journal of Marketing*, 1994, 58(2).

⑥ 李科：《行业协会绩效评价研究》，武汉大学出版社，2013年。

新行为活动，其发生的范畴是服务业、制造业及非盈利的公共部门。从狭义上说，服务创新是指发生在服务业中的创新行为活动。本书的服务创新是狭义的服务创新，即发生在服务业中的创新行为活动。创新普遍存在于服务当中，但其形式和组织方式与制造业的创新有着相当大的区别，具有无形性、市场导向性和渐进性等特征。制造业的创新绩效强调专利产出和新产品销售率，而服务创新更强调顾客满意度、改善企业形象、开拓市场和软件著作权等。如 Cooper 和 Kleinschmidt 指出服务创新绩效由财务绩效、机会窗口和市场影响力来评价①；De Brentani 认为服务创新绩效应从销量和市场份额、竞争力、其他促进因素和成本四个方面评价②；张若勇等指出从两个角度考虑服务创新绩效：一是创新过程，主要关注项目层面，绩效优劣的判断取决于项目层面上的战略目标；二是创新结果，包括财务绩效、顾客关系和市场地位③。围绕本研究主题，本书认为服务创新绩效不同于服务绩效，也不同于组织绩效，服务创新绩效是服务业的创新、新服务的推出而产生的结果与业绩。

3.2 知识密集型服务业的创新及其绩效

3.2.1 服务创新四维度模型

本书认为 Bilderbeek 等提出的服务创新四维度模型④是经典的

---

① Cooper R G & Kleinschmidt E. New Products: What Separates Winners from Losers. *Journal of Product Innovation Management*, 1987, 4(3).

② De Brentani U. Success and Failure in New Industrial Services. *Journal of Product Innovation Management*, 1991 (6).

③ 张若勇，刘新梅，张永胜：《顾客参与和服务创新关系研究：基于服务过程中知识转移的视角》，《科学学与科学技术管理》，2007 年第 10 期。

④ Bilderbeek R, Hertog D & Marklund G. Service Innovation: Knowledge Intensive Business Service as Co-producers of Innovation. The Result of SI4S Synthsis Paper, WorkPackage, 1998.

服务创新理论，既是服务创新概念的界定，也是对服务创新模式的全面刻画，能帮助人们全面、系统地理解服务创新理论，如图 3-1 所示。

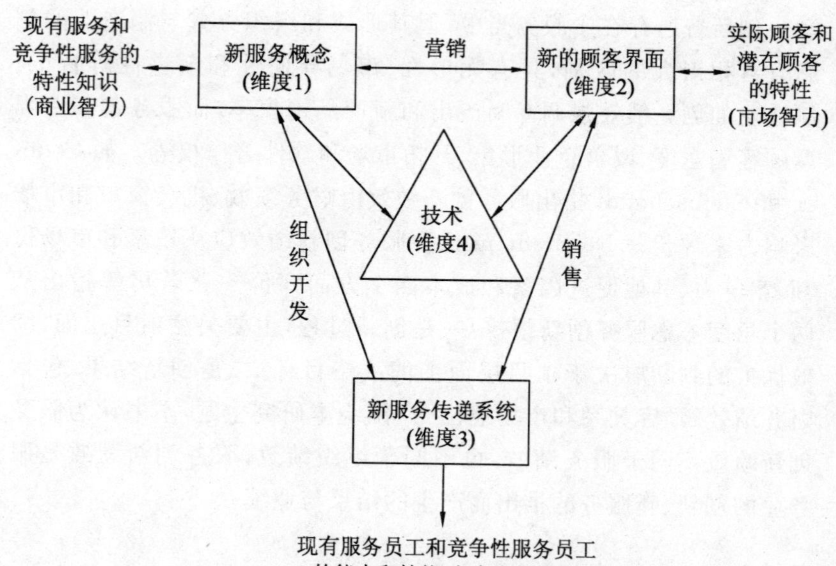

图 3-1　服务创新的四维度模型①

该模型四维度包括：①概念创新，即解决问题的方法和思路创新。创新服务概念的核心问题是企业提供什么新服务来吸引目标新顾客，同时还要保留目标老顾客。概念创新是所有服务创新活动的先导。如 2013 年 6 月阿里巴巴集团推出的余额宝服务②，其互联网金融、1 元理财服务和 T+0 赎回均是新概念。② 界面创新，又称

① Bilderbeek R, Hertog D & Marklund G. Service Innovation: Knowledge Intensive Business Service as Co-producers of Innovation. The Result of SI4S Synthsis Paper, Workpackage, 1998.

② 余额宝是由第三方支付平台支付宝为个人用户打造的一款余额增值服务。央行将余额宝定位为金融创新，提出将鼓励、支持和包容互联网金融的发展。本研究认为余额宝是我国服务创新活动的典型案例。

为顾客接触创新，指将服务提供给顾客的方式以及与顾客间的交流、合作方式。它之所以是服务创新的维度，是因为服务提供者与顾客间的交流和相互作用已成为创新的一个主要来源。如余额宝的互联网操作界面、顾客参与均是界面创新。顾客参与体现在一是顾客提供了个人信息、交易数据、选择偏好和消费习惯等描述顾客的基本情况的信息，二是顾客在与阿里巴巴集团的淘宝、天猫等接触过程中，对于相关产品和服务的反馈和感受，如顾客在淘宝上对商品的评价信息。③组织创新，又称为服务传递和组织创新，服务传递系统维度强调现有的组织结构以及现有员工的能力必须适应服务创新的需要，或者通过对组织架构和员工的重大调整促使创新顺利进行。如阿里巴巴集团为进军互联网金融，从 2011 年上半年开始对其组织架构进行了频繁的调整。2011 年 6 月阿里巴巴集团高级管理层开始推动集团的重组，淘宝一拆三为淘宝网、一淘网和天猫，专注各个市场的突进和发展；2012 年 7 月将旗下主要公司归类为一淘、天猫、聚划算、阿里国际业务、阿里小企业业务和阿里云等 7 大事业群，7 大事业群在集团协调下统一管理；2013 年 1 月成立 25 个事业部；2013 年 2 月，为进军互联网金融，阿里巴巴集团将分属为两个不同公司的阿里金融、支付宝合并成为一个公司，再拆分为共享平台事业群、金融事业群、国内事业群和国际业务事业部四个部门。阿里巴巴集团不断调整组织架构的过程，正是阿里巴巴集团不断适应外部经济环境带来的机遇与挑战，让组织能够更加灵活地进行协同和创新的过程。④ 技术创新，即由技术引领的创新。Bilderbeek 等将技术创新纳入到服务创新的范畴中。他们认为技术本身为服务创新的发展奠定了基础，技术创新是服务创新非常重要的一个方面，并且技术创新必须综合考虑服务概念、服务接触和服务传递系统[①]。如余额宝迅猛发展源于阿里巴巴集团的技术沉淀与

① 杨广，李美云，李江帆：《基于不同视角的服务创新研究述评》，《外国经济与管理》，2009 年第 7 期。

创新，典型的有大数据技术、云计算技术等。T+0 赎回的最大问题是大额赎回量的确定，即流动性风险的防控，阿里巴巴集团通过支付宝的大数据及时把握申购赎回信息，使得对消费规模的预测误差控制在 5%以内[①]，成功通过了“双十一”大规模集中赎回的考验。

通过 Bilderbeek 等的服务创新四维度模型，我们可以这样理解服务创新：① 顾客界面的创新、服务传递系统的创新以及技术上的创新均可能导致服务创新，反过来说，推出一项新服务必然导致该企业的顾客界面、服务传递系统以及技术上创新的配套与跟进。② 要关注顾客的潜在需求。服务提供者须能够识别并持续关注市场上已经存在以及潜在的服务需求，关注、了解现有顾客和潜在顾客的需求特点。如前文提到的余额宝的推出很大程度来源于支付宝用户对“利息”的一再要求。据媒体报道，2011 年曾有淘宝卖家质疑支付宝资金管理问题，希望沉淀资金返利于民。不断满足顾客日新月异的需求，并进行服务创新，是服务企业获得竞争优势的关键。余额宝的推出正是阿里巴巴集团从支付宝用户的需求出发，主动、专为他们量身打造服务的结果。③ 重视技术的改进。根据创新的程度，服务创新的类型小到风格转变，大到变革，应该说大部分服务创新离开了技术的支撑都不能实现。除此之外，还要经常性地培训员工，确保员工的技能能够满足新服务的要求。④ 服务创新的四个维度缺一不可。

3.2.2 服务创新与知识密集型服务业创新

创新主要集中在制造业而服务业本身缺少创新是人们长久以来固有的观念。制造业内部技术创新、产品创新是国内外专家学者的聚焦之处。早期的服务创新研究是制造业的技术创新、产品创新研究范式在服务业的延伸，主要关注技术创新在服务创新中发挥的

---

① 中国证券报记者：《大数据“神器”助余额宝应对赎回》，《中国证券报》，2013 年 9 月 6 日。

作用[①]。随着服务业在国民经济中地位的提升，学者们目前已经基本达成一致的看法，即创新普遍存在于服务当中，但其形式和组织方式与制造业的创新有着相当大的区别，具体表现在：① 无形性。无形性是服务的主要特征之一。服务业创新的投入产出均是无形的。② 市场导向性。服务的异质性决定了服务业创新高度依赖市场，与市场同步变化；服务的生产与消费的同步性决定了顾客在服务业创新中的作用远高于制造业[②]。③ 渐进性。服务的易逝性使得服务业创新较少出现根本性创新，渐进性创新是常态；服务因时、因地、因人而异的服务异质性为服务创新的多发性提供了可能，而这样的行为轨迹是渐进的。

由于专业化的知识、研发能力和问题求解能力是知识密集型服务业的主要产品，知识密集型服务业产品包含高度的隐性知识，因此知识密集型服务业既不同于提供可编码化产品的制造业，也不同于提供非知识密集产品的普通服务业，知识密集型服务业具有自身的特点[③]：① 开放性。开放式创新理论由哈佛商学院技术管理中心主任 Henry 提出，强调企业在创新过程中要同时充分利用来自企业内部和外部的创新资源。高互动度是知识密集型服务业创新的特征之一，知识密集型服务业在创新过程中吸收、整合来自各种渠道的创新资源，与制造企业、政府等顾客以及竞争者、科研机构等合作伙伴广泛协作、亲密互动。事实上，顾客、竞争对手等均是知识密集型服务业的重要创新源和合作伙伴。借鉴曹勇和贺晓羽的研究[④]，本书修正了原图形，图 3-2 展现了知识密集型服务业的创新来源。② 高度的顾客导向性。知识密集型服务业创新过程中的高度顾客

① 杨广，李美云，李江帆：《基于不同视角的服务创新研究述评》，《外国经济与管理》，2009 年第 7 期。

② 柳卸林：《对服务创新研究的一些评论》，《科学学研究》，2005 年第 6 期。

③ 刘顺忠：《对创新系统中知识密集型服务业的研究》，《科学学与科学技术管理》，2005 年第 3 期。

④ 曹勇，贺晓羽：《知识密集型服务业开放式创新的推进机制研究》，《科学学与科学技术管理》，2010 年第 1 期。

导向性主要表现在顾客是重要的创新源。知识密集型服务业创新较强依赖于顾客,顾客在创新过程中不是被动接受者,而是主动的参与者。通过同顾客之间的交流和沟通,专业的服务提供者能够更好理解顾客特征和需求,并扩充自身的知识存量和创新能力,将获得的知识融入向顾客提供的服务之中。③ 高知识密集度。知识密集型服务创新在知识投入与知识产出方面都表现出高密集度的特点。知识密集型服务业运作的主要对象是某一领域内的专业性知识。它既来源于本身,也来自具备较高专业素养的顾客,还来源于知识密集型服务业本身与顾客间的持续互动过程。知识密集型服务业的服务作为要素参加到其顾客的知识创造和知识整合过程中,并通过知识密集型服务业与其顾客的交互活动,创造出同样具有高知识密集的产出。

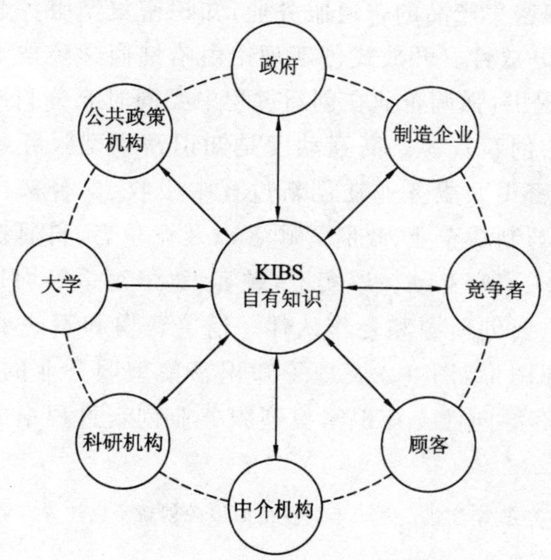

图 3-2 知识密集型服务业的创新来源

3.2.3　知识密集型服务业创新绩效

学者们指出顾客参与服务创新能够提升服务创新绩效。顾客是重要的参与者,由于顾客精力、时间以及注意力的持续投入,服务企业更易根据顾客的需要生产定制的服务,从而提升服务创新的满意度[①],他们有价值的想法改善了服务[②③],而知识共享、知识转移、合作生产、服务质量、社会资本、共享活动、共同解决问题、联系强度以及相互依赖性也被认为是服务创新绩效的影响因素。知识分享打破知识所有者之间的壁垒,实现知识在一定范围内的自由流动,知识共享、知识转移均能够对服务创新绩效产生积极影响[④];因果模糊性和知识冲突能够改善知识转移和服务创新绩效之间的关系[⑤];服务质量的提升提高了顾客对服务的评价,提高了顾客消费的意愿,并最终提升了企业的服务创新绩效[⑥];组织学习对服务创新绩效有正向的促进作用[⑦];知识创新对新服务开发绩效产生正向影响。

---

① Millissa F & Cheung W. Customer Involvement and Perceptions: The Moderating Role of Customer Co-production. *Journal of Retailing and Consumer Services*, 2011, 32(18).

② Claycomb C, Lengnick-Hall C & Inks L. The Customer as a Productive Resources: A pilot Study and Strategic Implications. *Journal of buisness Strategies*, 2001, 18 (1).

③ Andreu L, Sanchez I & Mele C. Value Co-creation among Retailers and Consumers: New Insights into the Furniture Market. *Journal of Retailing and Consumer Services*, 2010, 17(4).

④ Zhang R Y, Liu X M & Liu D W. Customer Knowledge Transfer and Service Innovation Performance: A Customer-firm Interaction Perspective. Xi'an Jiaotong University, 2007.

⑤ 卢俊义,王永贵:《顾客参与服务创新与创新绩效的关系研究——基于顾客知识转移视角的理论综述与模型构建》,《管理学报》,2011 年第 8 期。

⑥ Ngo L V & O'Cass A. Innovation and business success: The mediating role of customer participation. *Journal of Business Research*, 2013 (66).

⑦ 张若勇等:《顾客—企业交互对服务创新的影响:基于组织学习的视角》,《管理学报》,2010 年第 2 期。

服务创新不同于制造业创新绩效，服务创新绩效更强调顾客满意度、改善企业形象、开拓市场和软件著作权等。具体到知识密集型服务业创新绩效，本书认为：① 知识密集型服务业创新绩效不同于组织绩效，知识密集型服务业创新绩效从本质上说是服务创新绩效。组织绩效是全面的，包括多方面的绩效，而服务创新绩效仅仅是由于服务创新而产生的绩效。② 知识密集型服务业创新绩效要体现“知识密集”特征。因此，知识密集型服务业创新绩效不仅要考虑一般的服务创新绩效，更重要的是要体现知识密集型服务是创新的源泉、创新的推动者与创新的载体，其创新具有开放性、网络性和高度顾客导向性等特征。陈劲指出知识密集型服务业创新更关注顾客满意度[①]；魏江认为知识密集型服务业创新绩效包括项目标准性绩效和成员获得性绩效。项目标准性绩效通过效力和效率两方面指标来衡量；成员获得性绩效由团队成员满意度以及学习构成来衡量[②]。对于更具体的金融服务创新绩效，Cooper 等从财务绩效、关系强度和市场开发三个方面考察创新绩效[③]；何德旭和张雪兰从财务层面、顾客层面与机会层面评价金融服务创新绩效。具体而言，财务层面，如盈利、销售、成本、投资回报和市场占有率等；顾客层面，如顾客满意度、金融机构在顾客心目中形象等；机会层面，如改善其他产品的盈利能力等[④]。范钧用产品创新和组织创新两方面评价软件业的服务创新绩效[⑤]。

本书认为知识密集型服务的创新绩效是指知识密集型服务业

① 陈劲：《知识密集型服务业创新的评价指标体系》，《学术月刊》，2008 年第 4 期。

② 魏江，王铜安，陆江平：《知识密集型服务企业创新组织结构特征及其与创新绩效关系实证研究》，《管理工程学报》，2009 年第 3 期。

③ Cooper R G & Kleinschmidt E. New Products: What Separates Winners from Losers. *Journal of Product Innovation Management*, 1987, 4(3).

④ 何德旭，张雪兰：《营销学视角中的金融服务创新：文献评述》，《经济研究》，2009 年第 3 期。

⑤ 范钧：《社会资本对 KIBS 中小企业客户知识获取和创新绩效的影响研究》，《软科学》，2011 年第 1 期。

由于创新活动而出现的产出及成果。借鉴已有文献,本书将知识密集型服务业创新绩效分成两个维度:市场绩效和顾客绩效。市场绩效包括市场占有率、竞争力和企业形象等,顾客绩效包括顾客满意度、对顾客需求反应的灵活度和为顾客的服务时间等。

3.3 顾客参与知识密集型服务业创新的方式

借鉴范钧[①]、Ennew 和 Binks[②]、Claycomb 等[③]、Fang[④]、彭艳君[⑤]以及姚山季和王永贵[⑥]等学者的思路,结合知识密集型服务业的高知识度、高技术度、高互动度及高创新度等特征,本书将顾客参与知识密集型服务业创新划分为三种类型。

3.3.1 信息提供

信息提供能确保顾客的个人需要被满足,顾客参与新服务开发时将自己对新服务的需求、偏好及其他信息主动地提供者。顾客参与程度越高的企业越不可避免地依赖顾客的信息和资源。信息提供是学者们探索顾客参与服务创新较早提出的常见类型。如某高校为实现网上办公创建了一套办理公文流转的办公系统,软件公司是其服务的提供者。办公系统创建有大量的前期信息准备工作,需提供校领导、处级领导及全校 OA(办公自动化,Office Automation

---

① 范钧:《顾客参与对顾客满意和顾客公民行为的影响研究》,《商业经济与管理》,2011年第1期。

② Alam I. An Exploratory Investigation of User Involvement in New Service Development. *Journal of the Academy of Marketing Science*, 2002, 30 (3).

③ 彭艳君:《顾客参与量表的构建和研究》,《管理评论》,2010年第3期。

④ McAllister D H. Affect and Cognition-Based Trust as Foundations for Interpersonal Cooperation in Organizations. *Academy of Management Journal*, 1995, 38(1).

⑤ 彭艳君:《顾客参与量表的构建和研究》,《管理评论》,2010年第3期。

⑥ 姚山季,王永贵:《顾客参与新产品开发对企业技术创新绩效的影响机制》,《科学学与科学技术管理》,2011年第5期。

的缩写)秘书几百人的信息,包括人员编号、姓名、所在部门和职务等信息,发文还需制作发文模板、代字等。

3.3.2 合作生产

合作生产是指顾客在与知识密集型服务提供者关系中顾客要履行的职责,即顾客在参与知识密集型服务业服务生产过程中的投入,包括智力投入、实体投入和情感投入等。合作生产反映了顾客在知识密集型服务生产过程中的努力程度。其中,智力投入指顾客的脑力投入,在共同开发这套办公系统软件的过程中,高校需要设想、构思公文在办公系统上的流转流程等。如由于各种原因,有少数文件可能校领导已审阅但未给予明确批示,这部分文件就无法转入下一阶段,影响正常运转;口头或小纸条提示校领导的效率不够高,在这样的情况下,办公系统的用户请软件公司改进设置,从程序上进行控制。实体投入指投入的有形物品,如高校为软件公司的现场办公提供办公桌椅、计算机和网络等办公设施。情感投入,如高校的工作人员对软件公司员工接触时的热情、耐心和愉悦。

3.3.3 人际互动

人际互动是指顾客与知识密集型服务业员工之间的沟通与交流等良好的互动关系。如电子公文与传统纸质文件流转相比发生了较大变化,再加上系统本身的不完善,办公系统在试运行的过程中会出现一系列问题,办公系统创建完成后的日常维护均离不开办公系统用户和软件公司之间的沟通、交流和协调。事实上,从办公系统的创建到创建后的日常维护需要用户与软件公司经常联系沟通。

3.4　顾客参与知识密集型服务业创新的中介机制

3.4.1　知识共享在顾客参与和服务创新绩效之间的中介机制

源于 20 世纪末的信息革命和知识经济让知识管理对个人、组织面临一个伟大机遇和挑战。研究发现，顾客参与和服务创新结果之间不是直接相关，而是通过各种中介变量起作用，与知识有关的变量（知识共享、知识转移等）被大多数学者认为在顾客参与和服务创新结果之间扮演着中介角色，如图 3-3 所示。Zhang 通过实证研究发现顾客参与服务生产和传递会促进知识转移，而知识转移又会显著提升服务创新绩效①；卢俊义和王永贵探讨了知识转移在顾客参与新服务开发过程和服务创新绩效中的中介机制，分析了因果模糊性、知识冲突在知识转移和服务创新绩效之间发挥的调节效应②；Bouncken 和 Sascha Kraus 指出对于知识密集型中小企业而言，他们与供应商、顾客、合作伙伴及竞争对手之间的合作竞争对其创新绩效是一把“双刃剑”，既有积极影响，又有消极影响，组织学习、知识共享以及不确定性在其中发挥着调节效应③；王琳指出知识密集型服务企业与顾客互动能够通过内部知识整合与外部知识整合促进服务创新绩效④。

---

① Zhang R Y, Liu X M & Liu D W. Customer Knowledge Transfer and Service Innovation Performance: A Customer-firm Interaction Perspective. Xi'an Jiaotong University, 2007.

② 卢俊义，王永贵：《顾客参与服务创新与创新绩效的关系研究——基于顾客知识转移视角的理论综述与模型构建》，《管理学报》，2011 年第 8 期。

③ Bouncken R B & Kraus S. Innovation in Knowledge-intensive Industries: The double-edged Sword of Coopetition. *Journal of Business Research*, 2013.

④ 王琳：《KIBS 企业—顾客互动对服务创新绩效的作用机制研究》，浙江大学博士毕业论文，2012 年。

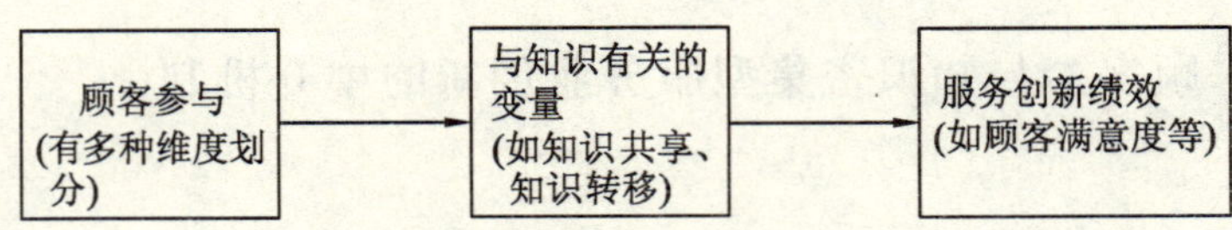

图 3-3 与知识有关的变量的中介作用

(1) 顾客参与知识密集服务业创新活动中的知识类别

根据知识所有权的不同，知识可以划分为个体知识和组织知识。个体知识包括专业知识、工作技能、诀窍、个人专利、发明、个人的生活常识和体验以及个人的思想和价值观。组织知识的产生与创新取决于对分散在员工头脑中的个人知识的整合力度，它依赖于组织的存在且围绕着产品、服务、工序、技术、结构、地位和相互关系处于不断变化中。知识又有显性和隐性之分。根据知识能否清晰地表述与有效转移，知识分成隐性知识和显性知识。隐性知识不容易被表达、非正式，是难以掌握的诀窍，可意会而不可言传；显性知识是条理化、规范化和系统化的知识，是容易实现共享的知识。知识的分类如表 3-2 所示。

表 3-2 知识的分类

类别	个体知识	组织知识	是否可以共享
显性知识	个体的显性知识（Ⅰ）	组织的显性知识（Ⅱ）	容易实现共享
隐性知识	个性的隐性知识（Ⅲ）	组织的隐性知识（Ⅳ）	不易实现共享

根据 3.1.2 的研究，本书将顾客参与分为信息提供、合作生产和人际互动。借鉴 Rowley 的研究①，本书认为顾客参与中顾客提供

① Rowley E J. Reflections on Customer Knowledge Management in E-business. *Qualitative Market Research*, 2002, 5(4).

的信息分为以下两种:①关于顾客的知识,包括潜在顾客和现有顾客本身的用于描述顾客的基本情况的信息;②顾客拥有的知识,指顾客所拥有的关于产品和服务的知识,具体来说是顾客在与企业或产品的接触过程中对于相关产品和服务的反馈和感受。本研究中的"顾客"可以是自然人个体,也可以是一个法人组织,如企业。根据对知识的分类,顾客提供第一种信息,即顾客的基本情况,是显性知识,同时可能是个体知识,也可能是组织知识;顾客提供的第二种信息,即产品、服务的反馈和感受由于独特性、不可模仿性,不易清晰地表述与有效转移,因而这些知识是隐性知识。可见,顾客提供的信息,即顾客知识大部分是隐性知识,如图 3-4 所示。

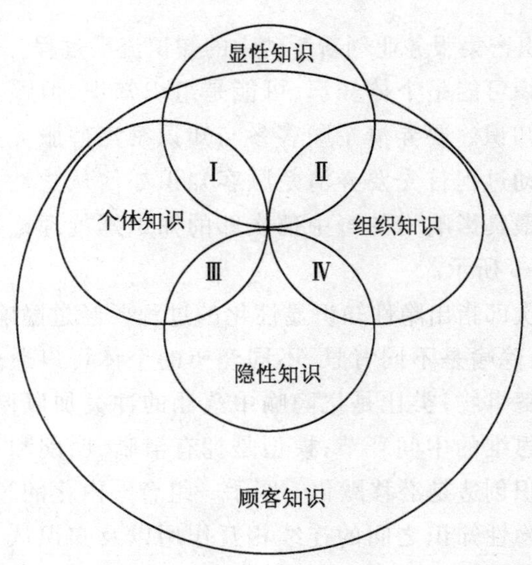

图 3-4　顾客知识和个体知识、组织知识、显性知识、隐性知识的关系

"知识"和"信息"交替出现又存在差异。信息是"可以流动、分析或者重组的一些消息或者概念,并且在流动的过程中不会损失其完整性"。知识是"一种逐渐积累的,使人们可以有效做事的实践技能和专业化技术"。通俗地说,知识由信息经过再加工而来。可以看出,知识较信息而言,知识是比信息高一层次的信息。事实上,知识和信息的概念可以模糊化,如 Peter F. Drucker 在 1988 年即预测未来的典型企业时对知识与信息未加区分。他指出未来的典型企业是以知识为基础,由各种各样的专家组成的信息型组织。这些专家根据来自同事、顾客和上级的大量信息自主决策、自我管理。导致新型组织出现的最根本原因是信息技术。他指出信息型组织的结构将更加扁平,信息型组织要求有指导个人行动的明确而又简单的共同目标,并且组织中的每个人均要承担信息责任。在研究顾客参与知识密集型服务业创新活动时,大多数学者对“知识”和“信息”不进行严格的区分。本书同样对信息和知识进行模糊化处理的,知识即信息。

(2) 知识密集服务业创新活动中的知识流动过程

顾客知识可能是个体知识、可能是组织知识,但顾客知识大部分都是隐性知识。要弄清楚顾客参与知识密集型服务业创新活动中的知识流动过程首先要弄清楚顾客知识如何从隐性知识转化为显性知识。最具影响力的野中郁次郎的知识螺旋理论展现了这一过程,如图 3-5 所示。

野中郁次郎指出隐性知识显性化的过程要经过隐喻、类比和模型三个阶段:隐喻是不同背景、不同经历的个体可以通过想象和象征直观地理解事物;类比是把隐喻中蕴涵的冲突加以调和,从纯粹想象到逻辑思维的中间环节;模型是拥有清晰、明朗和系统化概念的阶段。知识创造是潜移默化—明示—组合—内化的过程,对应着显性知识和隐性知识之间的连续相互作用以及知识从个人层到群体层和组织层移动的螺旋式增长流。

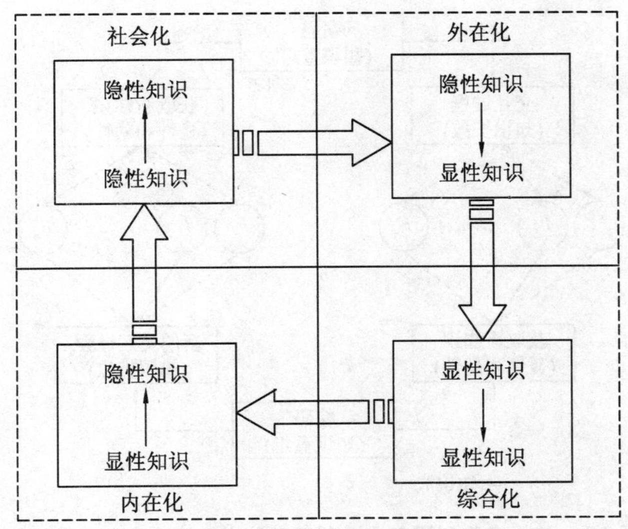

图 3-5 知识转化 SECI 模型①

顾客知识从隐性知识转化为显性知识后，知识又是如何扩散的？Muller 等指出知识密集型服务业的创新过程就是知识的生产和扩散过程，主要由三个阶段构成：① 获取新的显性知识和隐性知识；② 将新知识和已有知识基础重新组合，转化为可以编码的知识；③ 提供新的服务将新知识扩散给顾客。这三个阶段不断重复进行，通过正反馈，不断产生新知识，并将知识扩散给顾客②，如图 3-6 所示。

---

① ［日］野中郁次郎，竹内弘高：《创新求胜——智价企业论》，台湾远流出版社，1986 年。

② Muller E & Zenker A. Business Services as Actors of Knowledge Transformation: The Role of KIBS in Regional and National innovation Systems. *Research Policy*, 2001 (10).

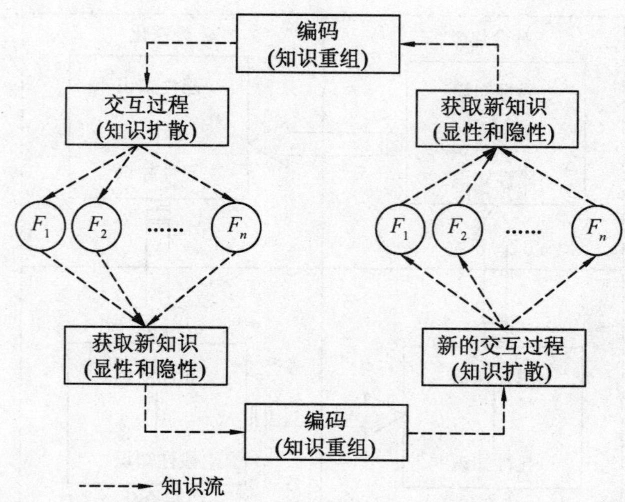

图 3-6　知识密集型服务业在创新系统中知识生产和扩散过程

注：F_1，F_2，…，F_n 为顾客[①②]

（3）知识密集服务业创新活动中的知识共享

知识共享是20世纪90年代中期以来西方知识管理理论研究的热点，现已成为知识管理理论研究的新领域。知识共享是一个系统的工程，是多种因素综合作用的结果。众多学者从不同的视角对知识共享进行界定。国内外学者主要从三个视角界定知识共享：①组织学习的视角，如 Senge 认为知识共享是组织学习的过程。②沟通、交流视角，如 Hendriks 指出知识共享是一种沟通的过程[③]；Tan 认为知识共享是一种交换行为，通过有效率的沟通，最后这种相互

---

① Muller et al. Business Services as Actors of Knowledge Transformation: The Role of KIBS in Regional and National Innovation Systems. *Research Policy*, 2001(10).

② Muller E & Zenker A. Business Services as Actors of Knowledge Transformation: The Role of KIBS in Regional and National innovation Systems. *Research Policy*, 2001 (10).

③ Hendriks P. Why Share Knowledge? The Influence of ICT on the Motivation for Knowledge Sharing. *Knowledge and Process Management*, 1999, 6(2).

了解将会促成组织目标的达成[①]。③知识流动视角,如闫芬和陈国权指出知识共享是指员工互相交流知识,使知识由个体扩散到组织层面[②]。

围绕研究主题,本书认为知识共享既是知识密集型服务业内部的员工及其组织的知识共享,又是知识密集型服务业的员工及其组织与顾客之间知识互动的过程,即是两者相互间传递知识、共享知识的过程。

本书认为知识流动的目的是知识在顾客与知识密集型服务业之间的共享。知识共享发生在个体之间、个体与团队之间、团队之间、跨团队之间以及团队与组织之间。Gadrey 和 Gallouj 认为知识密集型服务业创新是知识密集型服务业与顾客双边交互作用的过程。在此过程中,知识密集型服务业和顾客双方通过知识共享均增长了知识,熟悉了新知识的使用,促进了创新[③]。Hertog 指出知识密集型服务业创新是服务提供者与顾客一起工作、共同寻找问题的解决方案、共同接受挑战的互动过程,互动使得顾客的知识库发生了变化,与此同时知识密集型服务业亦更加深入地了解特定行业的需求、特点和经验[④]。魏江等指出知识密集型服务创新过程往往是服务提供者与顾客合作生产的过程。它需要双方在创新的每个阶段进行频繁的互动,互动的本质是双方信息和知识的流动[⑤]。由于知识密集型服务业与顾客之间有高互动性,知识密集型服务业内部

---

① Tan M. Establishing Mutual Understanding in Systems Design: An Empirical Study. *Journal of Management Information Systems*, 1994 (10).

② 闫芬,陈国权:《实施大规模定制中组织知识共享研究》,《管理工程学报》,2002年第3期。

③ Gadrey J. & Gallouj F. The Provider-customer Interface in Business and Professional Services. *The Service Industries Journal*, 1998, 18(2).

④ Hertog D. Knowledge-intensive Business Services as Coproducers of Innovation. *International Journal of Innovation Management*, 2000, 4 (4).

⑤ 魏江,胡胜蓉,袁立宏:《知识密集型服务企业与客户互动创新机制研究:以某咨询公司为例》,《西安电子科技大学学报》,2008年第3期。

也有强交互作用，因此本书认为知识密集型服务业与顾客知识之间的知识共享可以这样分解成三个步骤，如图 3-7 所示。

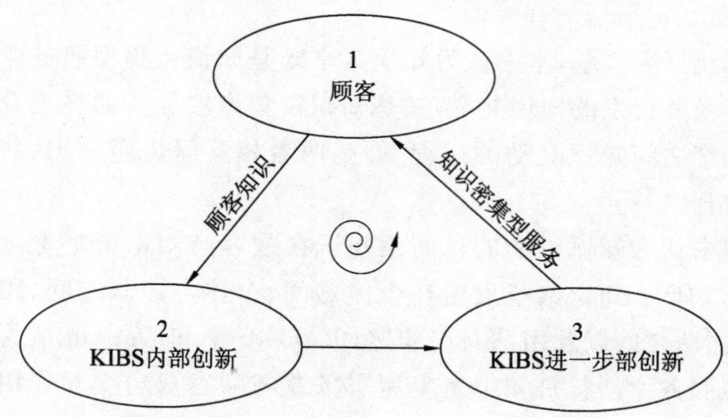

图 3-7　知识密集型服务业与顾客之间的知识共享

第一步，知识密集型服务业鼓励顾客参与到其创新中来，它在顾客那里通过学习获得顾客知识。在这个阶段知识密集型服务业吸引顾客参与其创新的目的是通过接受现实或潜在顾客的观点或建议来改进与调整其创新，以减少服务创新过程的风险与不确定性。

第二步，通过为顾客提供服务获得了顾客知识后，知识密集型服务业引导着自身的内部创新。高创新度是知识密集型服务业自身固有的特征之一。正如 Muller 和 Zenker 指出的，知识密集型服务业引导着内部创新，提供了高质量的工作场所，对经济绩效和增长做出了贡献①。

第三步，知识密集型服务业内部创新后，它产生了新知识，实现了知识的创造。创造了知识后，扮演着外部知识源的角色，知识密集型服务业继续为顾客提供知识密集型服务，做顾客企业创新过程的催化剂。

---

① Muller E & Zenker A. Business Services as Actors of Knowledge Transformation: The Role of KIBS in Regional and National innovation Systems. *Research Policy*, 2001 (10).

从以上三个步骤可以看到，知识密集型服务业与顾客之间实现了知识的共享，他们的知识基础与创新能力均得以提升和扩展。

(4) 知识共享的影响因素

知识共享的影响因素很多，知识的转移者、知识的接受者以及知识共享的情境三方面均可能制约知识共享的效果。Gupta 和 Govindarajan 指出知识共享[①]的制约因素有：①源头知识的感知价值；②分享知识的意愿；③丰富的传输渠道；④接收者获取知识的意愿；⑤接收者的吸收能力，包括获取、吸收知识以及使用知识的能力。受王娟知识共享影响因素图[②]的启发，结合 Gupta 和 Govindarajan 定义的知识共享要素，本书总结了知识共享的影响因素，如图 3-8 所示。在图 3-8 中，除了知识提供者、知识接受者双方的意愿与能力以外，包括人际信任、组织文化和组织结构的情境也是影响知识共享的决定性因素。需要特别指出的是，人际信任促进知识提供者认同知识接受者，降低知识共享的交易成本[③]。

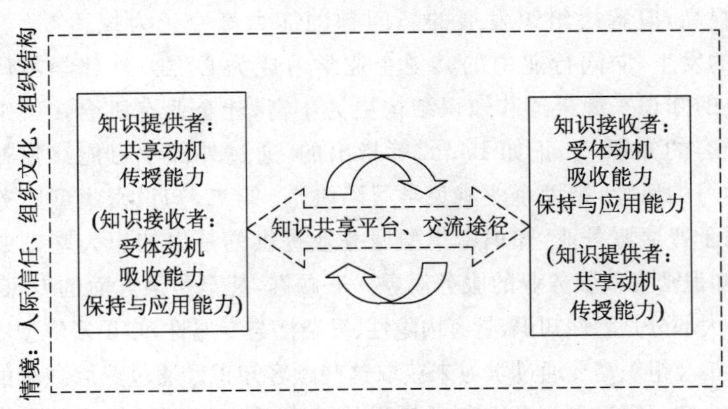

图 3-8 知识共享的影响因素

① Gupta A & Govindarajan V. Knowledge Flows within Multinational Corporations. *Strategic Management Journal*, 2000 (21).

② 王娟：《组织内部知识共享过程中的影响因素分析》，《情报科学》，2012 年第 7 期。

③ 同②。

3.4.2 组织学习在顾客参与和服务创新绩效之间的中介机制

(1) 组织学习成为顾客和知识密集型服务业创新绩效之间中介变量的必然性

大多数学者认为与知识有关的变量(知识共享、知识转移等)在顾客参与和服务创新结果之间扮演着中介角色,虽然有学者,如张若勇等指出组织学习能够提升服务创新绩效,即顾客—企业交互通过影响组织学习进而促进服务创新绩效,但组织学习在其中的中介角色被大多数学者忽视。本研究认为组织学习是顾客参与和知识密集型服务业创新绩效之间的关键中介变量,原因在于:

第一,"学习陷阱"的存在是知识密集型服务业通过组织学习向顾客学习顾客知识的原因之一。Kelly 和 Amburgey 曾提出"学习陷阱"现象,意思是组织拥有的经验造成的惯性使得组织习惯于用老办法去解决问题,这样导致了组织某方面的知识和技能不断积累、提高,但解决组织发展的新问题的能力渐衰。为规避"学习陷阱"的发生,向同行业中的其他企业学习成为必然。外部学习使得企业的知识来源渠道和知识结构更为丰富,让企业有机会接触来源于顾客的知识[①]。正如 Baum 等指出的,通过外部学习能够弥补内部学习的风险,帮助企业避免学习陷阱[②]。第二,知识密集型服务业不同于普通服务业,知识密集型服务业提供的是以知识为基础的服务,知识密集型服务业的服务对象——顾客,甚至是某方面的专家,其知识大部分是隐性知识,具有内隐性、复杂性与专属性,知识密集型服务业员工及组织需要通过学习来获取这些顾客知识。通过获取顾客的知识减少知识密集型服务业创新过程的风险与不确定性、提升顾客满意度、改善企业形象、开拓新市场,实现较好的服务创新绩效。

① 周玉泉,李垣:《组织学习、能力与创新方式选择关系研究》,《科学学研究》,2005年第4期。

② Baum J A C & Ingram P. Survival-enhancing Learning in the Manhattan Hotel Industry. *Management Science*, 1998, 44(7).

(2) 组织学习内涵

组织学习理论蔚为壮观。管理学是对组织学习影响最广泛、贡献最直接的学科。除了管理学以外,组织学习理论在其发展过程中也借鉴了社会学、心理学、经济学、人类学以及政治学的思想精髓和研究方法。自组织学习的概念面世以来,组织学习的思想以迅雷不及掩耳之势风靡全球,组织学习理论和实践研究得到了极大的丰富和发展。皮特·圣吉在他的著作《第五项修炼》中,最早提出了学习型组织的概念,这部著作至今推动着人们刻苦修炼、学习和掌握新的系统思维方法。随后,Davie Garvie 认为大部分有关学习型组织的讨论都过于宽泛、概括,他构建了一个评价建立学习型组织的"3M"框架:学习型组织的含义(Meaning,即可操作的和易于应用的学习型组织概念)、管理(Management,即为实践树立更为清晰的、操作性强的指导原则)和评估(Measurement,即更好来确定组织的学习效率和水平的评估工具)。学习型组织的建立不是一蹴而就的,而是组织学习有几个关键步骤:培育一个有助于学习的环境,强调上层管理者明确给员工时间供他们学习,加强员工头脑风暴法、解决问题能力和评估实验以及其他的核心学习技能的训练;打破部门界限并鼓励相互交流思想;创建按照明确的学习目标设定计划的学习论坛。哈佛商学院的克里斯·阿吉里斯教授总结了阻碍学习的行为模式,以及受过良好专业教育的人员为什么容易陷入这种模式,并指出组织怎样才能提高经理和员工的学习能力。大量的组织学习理论探讨了组织学习的动因、条件、类型、过程、测度以及制约因素等,其中组织学习过程理论展示了清晰的知识流动过程。

Agryris 和 Schon 正式提出了组织学习的概念。他们认为组织学习是发现错误并通过重新构建和调整组织而进行修正的过程。Agryris 也因此被誉为"组织学习"之父①。此后,学者们从多个视角

---

① 谢洪明,韩子天:《组织学习与绩效的关系:创新是中介变量吗——珠三角地区企业的实证研究及其启示》,《科研管理》,2005 年第 5 期。

来定义组织学习，极大地丰富了组织学习的内容：①知识流动视角。Bontis 等认为组织学习是各种知识生产过程的组合，分为知识生产、精炼、促进和扩散四个阶段[①]。②外部环境视角。Hedberg 指出组织学习来自于组织与其环境间适应性和操作性的交互作用，包括组织被动适应现实的过程以及组织应用知识与环境相匹配的过程[②]。陈建国认为组织学习既是社会系统通过利用外部环境的物质和能量进化的过程，同时也是主体认识改造世界的信息能循环运动的过程[③]。陈国权和马萌指出组织学习是组织为不断适应外部环境的变化，不断努力改变或者重新设计自身的过程[④]。Lee 指出组织学习是一个基于个体对环境的理解的组织与环境互动过程，个体在这个过程中学习并理解行为因果关系[⑤]。

从上述定义可以归纳出组织学习的几个特征：①组织学习的主体是组织成员个人、团队以及组织。组织学习的客体是信息和知识。②组织学习是一种有意识的、系统的和持续的行为。③组织学习有两个目的。第一个目的是生存，第二个目的是组织能够获取竞争优势。④组织学习是一个动态的过程。⑤个体学习是组织学习的前提。围绕研究的主题，本书认为知识密集型服务业的组织学习是知识密集型服务业的员工、团队及其组织为了适应不断变化的外部环境、维持竞争优势主动向顾客学习顾客知识的过程，包括获取顾客知识、转移顾客知识、整合顾客知识以及创造新知识。

(3) 知识密集型服务业的组织学习过程

顾客是怎样通过知识密集型服务业的员工、团队及组织的组织

---

① Bontis N, Crossan M M & Hulland J. Managing an Organizational Learning System by Aligning Stocks and Flows. *Journal of Management Studies*, 2002, 39(4).

② Hedberg R. *How Organizations Learn and Unlearn*. Oxford, 1981.

③ 陈建国：《信息的新财富观与组织学习的信息能循环机理》，《湖南师范大学社会科学学报》，2003 年第 4 期。

④ 陈国权，马萌：《组织学习——现状与展望》，《中国管理科学》，2000 年第 1 期。

⑤ Lee J N. The Impact of Knowledge Sharing, Organizational Capability and Partnership Quality on IS Outsource in Success. *Information & Management*, 2001 (5).

学习来提升服务创新绩效的？其组织学习的过程是怎样的？借鉴 2.3.2 梳理的有关组织学习过程的研究文献，本研究将知识密集型服务业的组织学习过程分为四个阶段：获取知识－转移知识－整合知识－创造知识。本研究更加强调知识密集型服务业的员工、团队及组织积极主动的、单方面的学习顾客知识，即在本研究中知识密集型服务业的组织学习的主体是知识密集型服务业员工，组织学习的对象主要是顾客知识，目的是获取顾客的知识，并不断转移、整合和创造知识，最终使得组织绩效最大化，如图 3-9 所示。

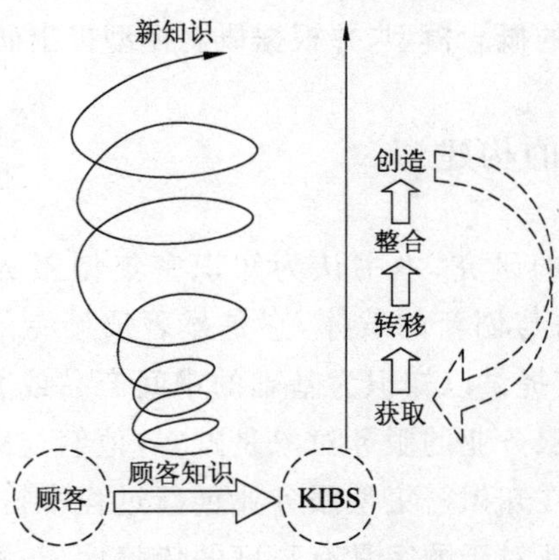

图 3-9　知识密集型服务业的组织学习

3.5　本章小结

本章在界定相关概念的基础上，研究知识密集型服务业的创新及其绩效、顾客参与知识密集型服务业创新的三种类型以及组织学习、知识共享在顾客参与知识密集型服务业创新过程中发挥的中介机制，这些理论是提出概念模型和研究假设的基础。

第 4 章　顾客参与对知识密集型服务创新绩效的影响

本章在前文理论研究的基础上，提出顾客参与影响知识密集型服务业创新绩效的概念模型，并根据概念模型提出研究假设。

4.1　概念模型的构建

根据第 3 章的研究，本书认为知识密集型服务业是创新的源泉、创新的推动力与创新的载体，它是显著依赖专门领域的专业知识、向社会和顾客提供以知识为基础的中间产品或服务的公司和组织。知识密集型服务业的服务对象是顾客，他们与顾客有着不可分割的关系。顾客在知识密集型服务业创新过程中扮演着积极作用，知识密集型服务业对于顾客具有高度的依赖性，与顾客合作是知识密集型服务业获取顾客信息这种关键性资源的"桥梁策略"。研究发现，顾客参与和服务创新结果之间不是直接相关，而是通过各种中介变量起作用，与知识有关的变量(知识共享、知识转移等)被大多数学者认为在顾客参与和服务创新结果之间扮演着中介角色。本书借鉴 Zhang 等[①]、王琳[②]等人的研究，将知识共享作为顾客参与与知识密集型服务业创新绩效之间中介变量。此外，本书借鉴张若

---

① Zhang R Y, Liu X M & Liu D W. Customer Knowledge Transfer and Service Innovation Performance: A Customer-firm Interaction Perspective. Xi'an Jiaotong University, 2007.

② 王琳：《KIBS 企业—顾客互动对服务创新绩效的作用机制研究》，浙江大学博士学位论文，2012 年。

勇的研究，选择组织学习作为顾客参与与知识密集型服务业创新绩效之间中介变量，原因在于：①“学习陷阱”的存在是知识密集型服务业通过组织学习向顾客学习顾客知识的原因之一。②知识密集型服务业不同于普通服务业，知识密集型服务业提供的是以知识为基础的服务，知识密集型服务业的服务对象——顾客，甚至是某方面的专家，其知识大部分是隐性知识，具有内隐性、复杂性与专属性，知识密集型服务业员工及组织需要通过学习来获取这些顾客知识，以此来减少知识密集型服务业创新过程的风险与不确定性、提升顾客满意度、改善企业形象、开拓新市场，实现较好的服务创新绩效。也就是说，上文中提到的“桥梁策略”再通过组织学习与知识共享提升知识密集型服务业的创新绩效。此外，将合作创新与关系营销中的信任作为调节变量引入顾客参与影响知识密集型服务业创新绩效模型，考察顾客信任是否会调节顾客参与和组织学习、知识共享之间的关系。顾客参与对知识密集型服务创新绩效的影响的分析框架如图 4-1 所示。在这个模型中，顾客参与分为信息提供、合作生产及人际互动的三个维度，顾客信任分为认知信任和情感信任两个维度，组织学习一个维度，知识共享有一个维度，服务创新绩效分为市场绩效和顾客绩效两个维度。本书试图揭示顾客参与通过组织学习中介变量影响知识共享，进而影响知识密集型服务业创新绩效影响的路径及机制，同时探讨顾客信任在顾客参与和组织学习、顾客信任在顾客参与和知识共享关系中的调节作用。

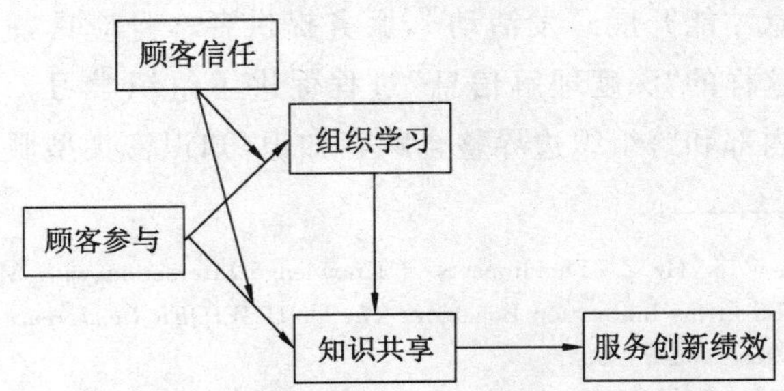

图 4-1　顾客参与对知识密集型服务创新绩效的影响的分析框架

4.2 研究假设的提出

4.2.1 顾客参与与组织学习的关系

服务业生产与消费的同步性决定了服务生产是一个服务提供者与顾客交互作用的过程。创新过程是一个“干中学”的过程，参与创新的组织和个人的学习效率直接影响创新效果。已有的研究完全忽视了服务业的员工与组织的组织学习过程。James Brian Quinn 指出对大多数员工来说，学习曲线很大程度上有赖于与顾客的交往。由于顾客是丰富的思想来源，顾客在自己的领域中也是专家，同顾客交互是永远的学习过程，因此服务提供者会被要求在有经验的专家指导下与顾客进行接触。高度的顾客导向性是知识密集型服务业创新的主要特征之一，学习顾客知识更是知识密集型服务业创新活动的重要阶段。Kam 等指出知识密集型服务业创新是知识密集型服务企业与顾客之间的一个双边学习的过程，两者之间的互动增强了知识密集型服务业的创新能力①。

(1) 信息提供与组织学习

顾客向服务企业提供一些信息，诸如顾客从用中学现场形成的知识、顾客抱怨服务技术的缺陷以及服务管理的低效等，为企业提供了更多的学习机会，而对企业而言，仅拥有信息还不够，还必须深度理解信息才能开展开发活动②，服务提供者本身应具备一定的专家能力。这样的“深度理解信息”过程促进了组织学习。为更有效地在组织内部和跨组织边界整合顾客知识，知识密集型服务业必须

---

① Kam W & He Z. The Impacts of Knowledge Interaction with Manufacturing Clients on KIBS Firms Innovation Behavior. *The UNU/WIDER Conference on the New Economy in Development*, 2002.

② Lagrosen S. Customer Involvement in New Product Development: A Relationship Marketing Perspective. *Journal of Innovation Management*, 2005, 8 (4).

拥有一定程度的知识和学习能力，去克服由于知识来源异质性和共同语言缺乏所造成的认知和行动障碍，从而能够识别信息的重要性并吸收新知识。组织学习能够将顾客提供的有关技术和市场的信息转化为市场所需的产品和服务[①]，这对于提升知识密集型服务业增强对外界环境变化的适应能力，确保组织战略的适用性与即时性大有裨益[②]。张若勇指出顾客为服务企业提供信息使得服务企业获取知识的渠道拓宽，学习知识的途径与机会大增，为企业向顾客学习提供了可能，从而有利于促进组织学习[③]。由此，本书提出如下假设：

假设 H1-1：信息提供对组织学习有正向影响。

（2）合作生产与组织学习

顾客通过不断投入精力、时间以及关注，与服务企业共同生产服务[④]，在此过程中，顾客拥有的信息、知识、技能，学习和试验的欲望以及他们参与对话的能力可以为组织所用。若顾客参与合作生产的程度较高，那么顾客会将自己看成组织的积极成员，享受服务品牌的自信、自尊与热情。顾客的这些感觉将延续到服务的创造和生产过程中。在这样的情况下，顾客受到为提高服务质量去寻找新信息或交流创造性思想的激励[⑤]。Shaw 很好地总结了合作生产的益处，如合作生产有助于提供补充性的知识、加强对顾客行为的认

---

① Alegrea J & Chiva R. Assessing the Impact of Organizational Learning Capability on Product Innovation Performance: An Empirical Test. *Technovation*, 2008, 28(6).

② 谢洪明，吴隆增，王成：《组织学习、知识整合与核心能力的关系研究》，《科学学研究》，2007 年第 2 期。

③ 张若勇，刘新梅，王海珍：《顾客—企业交互对服务创新的影响：基于组织学习的视角》，《管理学报》，2010 年第 2 期。

④ Bettencourt L A. Customer Voluntary Performance: Customers as Partners in Service Delivery. Journal of Retailing, 1997.

⑤ Millissa F & Cheung W. Customer Involvement and Perceptions: The Moderating Role of Customer Co-production. *Journal of Retailing and Consumer Services*, 2011, 32(18).

知以改善创新绩效等[①]。张若勇等基于组织学习的视角，提出了解释顾客与服务创新关系的理论框架，指出在顾客一企业交互情景下，合作生产有利于促进组织向顾客学习[②]。由此，本书提出如下假设：

假设 H1-2：合作生产对组织学习有正向影响。

(3) 人际互动与组织学习

王萍通过基于中国知识密集型服务业合作创新主体和创新活动类型的问卷调查发现，知识密集型服务企业是否密切与顾客企业接触和交流是影响互动结果的最主要因素。高达 80.2%的中国知识密集型服务企业认为在与顾客企业互动过程中，双方正式与非正式的密切接触和交流能够促进中国知识密集型服务企业更好地与顾客企业发生互动，同时为顾客企业提供更好的服务，解决顾客企业的问题[③]。西方研究普遍认为人际互动有利于思想交流，创造友好宽松的环境，从而促进创新[④]。德鲁克指出未来的组织需要更高程度的自律，并更多地强调个人在人际关系和沟通交流中的责任。Neale 和 Corkindale 曾指出顾客参与创新本质上是服务提供者与顾客进行相互学习、贡献各自想法的过程[⑤]。Barker 和 Camarata 的研究将沟通与学习型组织联系起来，进一步指出组织内部有效的沟通能够帮助建立良好的雇佣关系，彰显对员工价值的认可，提高授权程度，提升员工的责任心，而所有这些都为建立学习型组织创造了

---

① Miozzo M & Grimshaw D. Modularity and Innovation in Knowledge-intensive Business Services: IT Outsourcing in Germany and the UK. *Research Policy*, 2005, 34(9).

② 张若勇，刘新梅，王海珍：《顾客—企业交互对服务创新的影响：基于组织学习的视角》，《管理学报》，2010 年第 2 期。

③ 王萍，魏江，邓爽：《知识密集型服务企业与合作者合作创新现状》，《科研管理》，2010 年第 3 期。

④ 路琳，梁学玲：《知识共享在人际互动与创新之间的中介作用研究》，《南开管理评论》，2009 年第 1 期。

⑤ Neale M R & Corkindale D R. Co-Developing Products: Involving Customer Earlier and More Deeply. *Long Range Planning*, 1998 (31).

有利条件[①]。戴万稳等指出组织学习是系统的、动态的、复杂的过程,而沟通失衡是组织学习过程的障碍[②]。由此,本书提出如下假设:

假设 H1-3:人际互动对组织学习有正向影响。

4.2.2　顾客参与与知识共享的关系

顾客参与知识密集型服务业创新的过程从本质上说是顾客与知识密集型服务业的员工、团队或组织合作创新的过程。顾客与知识密集型服务业之间的知识共享是确保两者合作创新活动顺利进行的前提。

(1) 信息提供与知识共享

与传统服务业不同,知识密集型服务业在技术和商业技巧本地化过程中扮演着知识转换者、问题解决者和知识生产者的角色[③],对企业和研究机构之间的互动知识学习、信息交流起着"桥梁"作用,具体而言,它充当着"四大桥梁"——传统桥梁、"蜜蜂式"桥梁、"红娘式"桥梁和"网络式"桥梁,它将外来知识与已有知识整合,并把整合产生的新知识传递给顾客,实现创新转换和传播的功能[④]。在顾客参与知识密集型服务业创新的过程中,顾客提供的关于服务技术、服务环境和服务质量等方面的反馈信息有助于服务企业改进流程,提高服务传递效率及降低成本。顾客提供的有关他们当前和潜

---

① Barker R T R C M. The Role of Communieation in Creating and Maintaining a Learning Organization: Preconditions, Indieators, and Disei Plines. *The Journal of Business Communication*, 1998 (35).

② 戴万稳,赵曙明,蒋建武等:《复杂系统、知识管理与组织学习过程动态模型研究》,《中国软科学》,2006 年第 6 期。

③ Hauknes J & Knell M. Embodies Knowledge and Sectoral Linkages: An Input-output Approach to the Interaction of High-and Low-tech Industries. *Research Policy*, 2009, 38 (3).

④ 魏江,朱海燕:《知识密集型服务业功能论:集群创新过程视角》,《科学学研究》,2006 年第 3 期。

在需求的信息能够帮助服务提供者根据顾客提供的信息改进或开发出为顾客量身定做的服务，提高顾客感知的服务质量[①]和顾客忠诚度。当顾客为知识密集型服务业提供信息时，顾客就会与之形成密切关系。Lundkvist 和 Yakhlef 指出企业与顾客合作不仅包括已有信息、想法和知识从某一方向另一方转移，同时提供了双方共同构建、转移、共享信息、想法和知识的机会。Hertog 指出，知识密集型服务业与顾客一起工作，共同寻找问题的解决方案，共同接受挑战[②]。鉴于此，McEvily 和 Marcus 指出顾客提供的准确信息有助于新服务开发小组在新服务设计的初始阶段就抓住关键问题，并整合核心的议题与关注焦点，此时共享活动的深度与广度要比没有为企业提供信息的时候强[③]。Claycomb 等认为顾客参与情境中的信息提供确实有助于企业与顾客实现信息共享[④]。由此，本书提出如下假设：

假设 H2-1：信息提供对知识共享有正向影响。

(2) 合作生产与知识共享

合作生产使得顾客的身份发生了转变。当顾客以合作生产者的身份出现在服务生产过程中时，顾客的角色发生了部分变化，顾客就是企业投入的生产要素。当顾客积极地参与合作生产时，不仅对最终服务有直接投入，而且还控制着服务传递过程[⑤]。这为顾客

---

① 张若勇，刘新梅，王海珍：《顾客—企业交互对服务创新的影响：基于组织学习的视角》，《管理学报》，2010 年第 2 期。

② Hertog D. Knowledge-intensive Business Services as Coproducers of Innovation. *International Journal of Innovation Management*, 2000, 4 (4).

③ McEvily B & Marcus A. Embedded Ties and the Acquisition of Competitive Capabilities. *Strategic Management Journal*, 2005, 26 (11).

④ Claycomb C, Lengnick-Hall C & Inks L. The Customer as a Productive Resources: A Pilot Study and Strategic Implications. *Journal of buisness Strategies*, 2001, 18 (1).

⑤ Millissa F & Cheung W. Customer Involvement and Perceptions: The Moderating Role of Customer Co-production. *Journal of Retailing and Consumer Services*, 2011, 32(18).

与服务提供者之间交换有价值的信息提供了方便[①②]。这样由于顾客深入地参与创新活动，必然使得企业与顾客之间有着深层次的信息与知识共享。根据关系与网络领域的研究结果，顾客成为服务企业的合作生产者将强化双方的互动强度，并形成一定的网络联系[③]，这样导致双方的交流的频繁与密切，最终形成的强联系状态，有利于进行企业与顾客之间知识与信息的共享[④]。由此，本书提出如下假设：

假设 H2-2：合作生产对知识共享有正向影响。

（3）人际互动与知识共享

正如 1996 年欧盟绿皮书中指出的，创新不是一个可以清晰地探究原因与结果的线性过程，而是一个互动系统[⑤]。Jaworski 和 kohli 指出在顾客参与的过程中，顾客和企业都从对方学到了东西[⑥]并且他们双方从互动中发现有用的结果[⑦]。路琳和梁学玲从人际互动的角度证实了知识共享在创新中的重要作用，他们将人际互动分为人际沟通和任务冲突，并通过实证研究表明人际互动能够促进知

---

① Lengnick-Hall C, Claycomb C & Inks L. From Recipient to Contributor: Examining Customer roles and Experienced Outcomes. *European Journal of Marketing*, 2000, 34(3).

② Van Beuningen J, Debuyter K & Wetzels M. Customer Self-efficacy Intechnology-based Self-service: Assessing between-and within-person Differences. *Journal of Service Research*, 2009, 11(4).

③ Bonner J M. Customer Involvement in New Product Development: Customer Interactionintensity and Customer Network Issues. University of Minnesota, 1999.

④ 姚山季，王永贵：《顾客参与新产品开发及其绩效影响：关系嵌入的中介机制》，《管理工程学报》，2012 年第 4 期。

⑤ European Commission. European Commission Green Paper on Innovation, 1996.

⑥ Jaworski B & Kohli A. Co-creating the voice of the Customer. *Service Dominant Logic of Marketing*, 2006, 18 (2).

⑦ Ramirez R. Value Co-production: Intellectual Origins and Implications for Practice and Research. *Strategic Management Journal*, 1999, 20(1).

识共享[①]。在知识密集型服务业创新实践中,立场、认识和期望的差异导致知识密集型服务企业和顾客可能对创新传递与生产存在一定的认知冲突,再加上知识提供者的知识共享意愿是影响知识共享效果的重要因素之一,而顾客的知识大部分是复杂的、不易言传的隐性知识,如果知识密集型服务企业与顾客之间没有良好的人际沟通和交流,知识共享根本无法实现。反之,这时如果知识密集型服务企业与顾客之间能进行良好的人际沟通,协调决策的程度较高,双方充分表达与交流各自的想法和观点进行辩论,有助于双方能够开发出一个共享的情景[②],进而促进知识密集型服务提供者与顾客不同视角和观点的整合,创造出新颖的方案去执行项目。由此,本书提出如下假设:

假设 H2-3:人际互动对知识共享有正向影响。

4.2.3 组织学习与知识共享的关系

在知识经济时代,知识被认为是企业最具战略价值的资源。知识密集型服务更是如此。组织学习意味着所有知识产生程序的组合,并随着学习的不断深入新知识会持续产生和发展。组织学习在知识的开发过程中扮演了关键的角色[③]。因此,组织学习与知识管理之间具有较为密切的关系,组织学习是知识管理的前导和补充[④][⑤]。组织的知识整合要以知识为基础,而学习是知识的主要来

---

① 路琳,梁学玲:《知识共享在人际互动与创新之间的中介作用研究》,《南开管理评论》,2009 年第 1 期。

② Mehta N. Knowledge Integration in Software Teams: An Assessment of Team Project and It Related Issues. UnPublished Auburn University,2006.

③ Anonymous. Invista's Fabric for Successful Differentiation. *Strategic Direction*, 2006, 22(3).

④ 曾萍:《学习、创新与动态能力——华南地区企业的实证研究》,《管理评论》,2011 年第 1 期。

⑤ William R K,Chung T R & Haney M H. Knowledge Management and Organizational Learning. *Omega*,2008, 36(2).

源,组织学习就是创造组织知识基础的过程[①]。学习导向促进了企业内部知识的获取、积累以及共享[②],促进了组织的内部学习和外部学习,因而增强了组织自身的知识整合能力[③]。周玉泉和李垣指出组织外部学习对知识在组织之间的共享、流动、扩散以及新知识的产生是有利的,它能够避免组织只在某个路径上积累知识和能力而形成的能力刚性问题,从而迅速提高组织的创新能力[④]。由此,本书提出如下假设:

假设H3:组织学习对知识共享有正向影响。

4.2.4 知识共享与知识密集型服务业创新绩效的关系

许庆瑞和徐静指出创新的关键在于组织中的知识与信息必须能通畅地流通,实现知识共享[⑤]。克拉克在其著作《组织的创新》一书中也指出未来组织将是一个聚焦于信息流程而非产品,组织中信息流通越畅通,其创新能力越强的混合网络。前文在2.2.2中曾提到,知识密集型服务业本身是创新的源泉、创新的推动力和促进剂,扮演着外部知识源的角色,为其顾客公司的创新做出应有的贡献。顾客参与知识密集型服务业创新后,顾客也能为知识密集型服务业提供信息、知识和资源。具体而言,知识密集型服务企业在创新过程中通过吸收顾客的信息和知识不断扩大自己的知识储量,增强了

---

① 刘顺忠:《组织学习能力对新服务开发绩效的影响机制研究》,《科学学研究》,2009年第3期。

② 谢洪明,王成,罗惠玲:《学习、知识整合与创新的关系》,《南开管理评论》,2007年第2期。

③ 蒋天颖,张一青,王俊江:《战略领导行为、学习导向、知识整合和组织创新绩效》,《科研管理》,2009年第6期。

④ 周玉泉,李垣:《组织学习、能力与创新方式选择关系研究》,《科学学研究》,2005年第4期。

⑤ 许庆瑞,徐静:《嵌入知识共享平台,提升组织创新能力》,《科学管理研究》,2004年第1期。

对市场与顾客需求的理解，设计出更符合顾客要求的新服务[①]。可见，当顾客参与知识密集型服务业创新后，知识密集型服务业与顾客双方都增长了知识，熟悉了新知识的使用，促进了创新[②]。Zhang等通过实证研究发现知识转移效果会对服务创新绩效产生积极影响[③]。张若勇等指出知识转移对服务创新绩效有显著的促进作用。卢俊义和王永贵指出知识转移对服务创新绩效有积极影响[④]。由此，本书提出如下假设：

假设 H4：知识共享对服务创新绩效有正向影响。

假设 H4-1：知识共享对市场绩效有正向影响。

假设 H4-2：知识共享对顾客绩效有正向影响。

4.2.5 顾客信任对顾客参与和组织学习关系的调节作用

Sirdeshmukh 等提出信任是长期关系的基础，是关系承诺的关键要素[⑤]。Morgan 和 Hunt 进一步指出顾客信任是关系营销理论的核心。蔡升桂指出信任在服务业特别重要，是服务业关系重要成功因素。从顾客的角度说，顾客选择值得信任的服务提供者来传递想要的服务以减少顾客的认知风险和不确定性。在顾客信任程度较高的情况下，顾客提供信息、合作生产及人际互动的愿望及其主动性、积极性都会比较高，顾客参与的过程永远是知识密集型服务业员工、团队及组织向顾客学习的过程，这些员工、团队及组织会主

---

① 王琳，魏江：《顾客互动对新服务开发绩效的影响——基于知识密集型服务企业的实证研究》，《重庆大学学报（社会科学版）》，2009 年第 1 期。

② Gadrey J & Gallouj F. The Provider-customer Interface in Business and Professional Services. *The Service Industries Journal*, 1998, 18(2).

③ Zhang R Y, Liu X M & Liu D W. Customer Knowledge Transfer and Service Innovation Performance: A Customer－firm Interaction Perspective. Xi'an Jiaotong University, 2007.

④ 卢俊义，王永贵：《顾客参与服务创新与创新绩效的关系研究——基于顾客知识转移视角的理论综述与模型构建》，《管理学报》，2011 年第 8 期。

⑤ Sirdeshmukh D, Singh J & Sabol B. Consumer Trust, Value and Loyalty in Relational Exchanges. *Journal of Marketing*, 2002, 66 (11).

动、积极地从中有意识地开展学习活动，获取顾客知识。反之，在顾客信任程度较低的情况下，顾客参与服务生产和传递活动的意愿降低，造成提供信息、合作生产的减少及人际互动的频次、质量下降，最终导致知识密集型服务业员工、团队及组织无法进行组织外学习，无法获取顾客知识。根据上述分析，顾客信任在顾客参与和组织学习的关系中可能是一个关键的调节变量，即当顾客参与伴随着顾客信任时，顾客参与可能会促进知识密集型服务业的员工、团队及组织学习顾客知识；当顾客不信任时，尽管顾客参与仍然会促进知识密集型服务业的组织学习，但是与顾客信任时的顾客参与情况相比，其组织学习的程度会较低。由此，本书提出如下假设：

假设 H5：顾客信任正向调节顾客参与和组织学习之间的关系。

假设 H5-1a：认知信任正向调节信息提供和组织学习之间的关系。

假设 H5-2a：认知信任正向调节合作生产和组织学习之间的关系。

假设 H5-3a：认知信任正向调节人际互动和组织学习之间的关系。

假设 H5-1b：情感信任正向调节信息提供和组织学习之间的关系。

假设 H5-2b：情感信任正向调节合作生产和组织学习之间的关系。

假设 H5-3b：情感信任正向调节人际互动和组织学习之间的关系。

4.2.6　顾客信任对顾客参与和知识共享关系的调节作用

顾客参与促进知识共享已是学者们的共识。诸多文献亦已证实信任对知识共享有直接的促进作用，但信任对知识共享的间接影响尚未引起足够的重视。在顾客对知识密集型服务业信任程度较高的情况下，顾客会给知识密集型服务业一线员工提供更多的信息,与知识密集型服务业组织会有更强的合作意愿,也会有更多的正式与非正式的人际互动,这样,知识密集型服务业员工、团队和组织能够更好地与顾客实现知识的共享。也就是说,顾客信任在顾客参与和知识共享的关系中可能发挥着调节变量的作用,即在顾客参与伴随着顾客信任的情况下,顾客的参与更有利于顾客与知识密集型服务业员工、团队及组织的知识共享;在顾客参与伴随着顾客不信任的情况下,虽然顾客参与也会促进知识共享,但与顾客信任的情况相比,其知识共享程度会较低。由此,本书提出如下假设:

假设 H6:顾客信任正向调节顾客参与和知识共享之间的关系。

假设 H6-1a:认知信任正向调节信息提供和知识共享之间的关系。

假设 H6-2a:认知信任正向调节合作生产和知识共享之间的关系。

假设 H6-3a:认知信任正向调节人际互动和知识共享之间的关系。

假设 H6-1b:情感信任正向调节信息提供和知识共享之间的关系。

假设 H6-2b:情感信任正向调节合作生产和知识共享之间的关系。

假设 H6-3b:情感信任正向调节人际互动和知识共享之间的关系。

4.3 本章小结

本章在文献综述与理论回顾的基础上,探讨了组织学习、知识共享在顾客参与知识密集型服务业创新过程中发挥的作用,研究了顾客信任在顾客参与和组织学习、顾客参与和知识共享之间的调节效应,构建了一个整合的理论分析框架,分析了顾客参与、组织学习、知识共享以及知识密集型服务业创新绩效之间的关系,并提出相应的理论假设，研究假设汇总表见表 4-1。

表 4-1　研究假设汇总

序号	假设
H1	顾客参与对组织学习具有正向影响
H1-1	信息提供对组织学习具有正向影响
H1-2	合作生产对组织学习具有正向影响
H1-3	人际互动对组织学习具有正向影响
H2	顾客参与对知识共享具有正向影响
H2-1	信息提供对知识共享具有正向影响
H2-2	合作生产对知识共享具有正向影响
H2-4	人际互动对知识共享具有正向影响
H3	组织学习对知识共享具有正向影响
H4	知识共享对服务创新绩效具有正向影响
H4-1	知识共享对市场绩效具有正向影响
H4-2	知识共享对顾客绩效具有正向影响
H5	顾客信任正向调节顾客参与和组织学习之间的关系
H5-1	认知信任正向调节顾客参与和组织学习之间的关系
H5-1a	认知信任正向调节信息提供和组织学习之间的关系
H5-2a	认知信任正向调节合作生产和组织学习之间的关系
H5-3a	认知信任正向调节人际互动和组织学习之间的关系
H5-2	情感信任正向调节顾客参与和组织学习之间的关系
H5-1b	情感信任正向调节信息提供和组织学习之间的关系
H5-2b	情感信任正向调节合作生产和组织学习之间的关系
H5-3b	情感信任正向调节人际互动和组织学习之间的关系

续表

序号	假设
H6	顾客信任正向调节顾客参与和知识共享之间的关系
H6-1	认知信任正向调节顾客参与和知识共享之间的关系
H6-1a	认知信任正向调节信息提供和知识共享之间的关系
H6-2a	认知信任正向调节合作生产和知识共享之间的关系
H6-3a	认知信任正向调节人际互动和知识共享之间的关系
H6-2	情感信任正向调节顾客参与和知识共享之间的关系
H6-1b	情感信任正向调节信息提供和知识共享之间的关系
H6-2b	情感信任正向调节合作生产和知识共享之间的关系
H6-3b	情感信任正向调节人际互动和知识共享之间的关系

第5章 顾客参与对知识密集型服务业创新绩效影响的量表设计

合理的量表设计是保证样本数据信度和效度的重要前提条件。本书的研究调查问卷的设计经过以下几个关键的步骤。

5.1 确立量表形式

在变量的测量题项具有较高一致性的情况下,多题项相比于单题项更能提高测量的信度[①],因此本书的所有的变量均采用多题项对相关变量进行度量。本书中的量表采用学术界对经济管理类问题进行研究时通用的设计格式,对所涉及的有关题项运用 Likert 五点打分法,1 表示完全不同意,2 表示不太同意,3 表示不确定,4 表示同意,5 表示完全同意。

5.2 通过文献回顾形成初始量表

基于对现有文献的阅读,收集成熟的,并证明有效的,有关研究成果都发表在国际顶尖的学术期刊上的测量量表,对这些国外文献中的量表进行双盲翻译:将量表先由英文译成中文,再从中文译回英文,辨析与原文存在明显差异的译句,确定最为贴切的翻译,或者设计本研究所需要的量表,在此基础上形成了初始量表。

---

① Churchill & Gilbert. A Paradigm for Developing Better Measures of Marketing Constructs. *Journal of Marketing Research*, 1979, 16(4).

5.2.1 顾客参与初始量表

根据 3.1.2 的研究，本研究将顾客参与分为信息提供、合作生产和人际互动三个维度，顾客参与测量的初始量表见表 5-1。

对于信息提供量表，本书借鉴 Fang[1]、Ennew 和 Binks[2]、Claycomb 等[3]、姚山季和王永贵[4]的研究，直接引用他们开发的关于信息提供的成熟量表来对本书的信息提供进行测度。对于合作生产量表，本书借鉴 Claycomb 等[5]、Skaggs、范钧[6]以及姚山季，王永贵[7]等研究成果修改调整这些测试题目，共 7 个题项。人际互动最早由 Ennew 和 Binks[8] 提出。针对人际互动测度，主要有 Barker 和 Ca-

① Fang E, Palmatier R & Evansk R. Influence of Customer Participation on Creating and Sharing of New Product Value. *Journal of the Academic Marketing Science*, 2008, 36(1).

② Ennew C T & Binks M R. Impact of Participative Service Relationships on Quality, Satisfaction and Retention: An Expolratory Study. *Journal of Business Research*, 1999, 46 (2).

③ Claycomb C, Lengnick-Hall C & Inks L. The Customer as a Productive Resources: A Pilot Study and Strategic Implications. *Journal of buisness Strategies*, 2001, 18 (1).

④ 姚山季，王永贵:《顾客参与新产品开发对企业技术创新绩效的影响机制》,《科学学与科学技术管理》,2011 年第 5 期。

⑤ Claycomb C, Lengnick-Hall C & Inks L. The Customer as a Productive Resources: A Pilot Study and Strategic Implications. *Journal of Buisness Strategies*, 2001, 18 (1).

⑥ 范钧:《顾客参与对顾客满意和顾客公民行为的影响研究》,《商业经济与管理》,2011 年第 1 期。

⑦ 王永贵:《顾客创新论——全球竞争环境下"价值共创"之道》,中国经济出版社，2011 年。

⑧ Ennew C T & Binks M R. Impact of Participative Service Relationships on Quality, Satisfaction and Retention: An Expolratory Study. *Journal of Business Research*, 1999, 46 (2).

marata[①]、赵国祥[②]、王雁飞和朱瑜[③]、范钧[④]的研究。本文借鉴 Ennew 和 Binks[⑤]、彭艳君[⑥]、范钧[⑦]学者的研究，将人际互动作为顾客参与的维度。

表 5-1　顾客参与初始量表

维度	题号	测量条目	设计思想来源
信息提供（XXTG）	XXTG1	顾客积极地把自己拥有的相关信息传递给我们	
	XXTG2	我们能随时知晓市场的情况与信息	
	XXTG3	顾客为我们提供有关其需求和偏好的信息	

① Barker R T R C M. The Role of Communieation in Creating and Maintaining a Learning Organization: Preconditions, Indieators, and Disei Plines. *The Journal of Business Communieation*, 1998 (35).

② 赵国祥，王明辉，凌文辁：《企业员工组织社会化内容的结构维度》，《心理学报》，2007 年第 6 期。

③ 王雁飞，朱瑜：《组织社会化、信任、知识分享与创新行为：机制与路径研究》，《研究与发展管理》，2012 年第 2 期。

④ 范钧：《顾客参与对顾客满意和顾客公民行为的影响研究》，《商业经济与管理》，2011 年第 1 期。

⑤ Ennew C T & Binks M R. Impact of Participative Service Relationships on Quality, Satisfaction and Retention: An Expolratory Study. *Journal of Business Research*, 1999, 46 (2).

⑥ 彭艳君：《顾客参与量表的构建和研究》，《管理评论》，2010 年第 3 期。

⑦ 范钧：《顾客参与对顾客满意和顾客公民行为的影响研究》，《商业经济与管理》，2011 年第 1 期。

续表

维度	题号	测量条目	设计思想来源
合作生产（HZSC）	HZSC1	顾客的努力对服务创新活动起到了非常重要的作用。	Ennew，Binks；Claycomb；Skaggs et al.；姚山季，王永贵；Fang；王永贵等；
	HZSC2	服务创新的顺利实现，需要我们与顾客相互请教与支持	
	HZSC3	顾客的知识及技能对服务创新十分重要	
	HZSC4	顾客自己设计初步的问题解决方案或制定方案思路	
	HZSC5	我们愿意投入时间和精力来发展与顾客之间的合作关系	
	HZSC6	顾客会与我们探讨方案实施的可能性	
	HZSC7	我们会在售后服务中继续与顾客保持联系	
人际互动（RJHD）	RJHD1	我们与顾客有着十分密切的关系	Barker，Camarata；Leana，Van；范钧；王雁飞，朱瑜；赵国祥；
	RJHD2	我们在顾客中很受欢迎	
	RJHD3	我们在服务过程中经常通过电子邮件、电话、短信等与顾客进行交流	
	RJHD4	我们与顾客会有一些工作以外的聚会活动	
	RJHD5	有时我们甚至与某些顾客交流他们的私人问题	
	RJHD6	我们与顾客的沟通轻松愉快	
	RJHD7	我们会邀请顾客参与我们的活动	
	RJHD8	我们与顾客的关系融洽	

5.2.2　顾客信任初始量表

McAllister 在研究组织内部人际信任时所划分的认知型信任和情感型信任得到了学术界的广泛认可与应用。顾客信任量表借鉴

McAllister①、王智宁等②的研究，将顾客信任分为认知型信任与情感型信任，并根据基于顾客参与的事实和知识密集型服务创新的特征，参考Nyhan和Marlowe③、王雁飞，朱瑜④等对信任的测量方法，形成顾客信任初始量表，如表5-2所示。

表5-2 顾客信任初始量表

变量	题号	测量条目	设计思想来源
认知信任	RZXR1	顾客认为我们的服务水平在不断提高	
	RZXR2	顾客认为我们的产品种类丰富，能够满足他们的需求	
	RZXR3	顾客认为我们的服务整体上很好	
	RZXR4	顾客认为我们企业的广告宣传是可信的	
	RZXR5	顾客不担心我们企业提供的服务会有什么问题	
	RZXR6	顾客相信我们企业具有足够履行合同的能力	
	RZXR7	顾客很相信我们提供的信息	
	RZXR8	我的工作能力得到顾客的认可	

① McAllister D H. Affect and Cognition-Based Trust as Foundations for Interpersonal Cooperation in Organizations. *Academy of Management Journal*, 1995, 38(1)

② 王智宁，吴应宇，叶新凤：《网络关系、信任与知识共享——基于江苏高科技企业问卷调查的分析》，《研究与发展管理》，2012年第2期。

③ Nyhan R C & Marlowe H A. Development and Psychometric Properties of the Organizational Trust Inventory. *Evaluation Review*, 1997, 21(5).

④ 王雁飞，朱瑜：《组织社会化、信任、知识分享与创新行为：机制与路径研究》，《研究与发展管理》，2012年第2期。

续表

变量	题号	测量条目	设计思想来源
情感信任	QGXR1	顾客认为我们企业值得信赖	McAllister；王智宁等；Nyhan 和 Marlowe[①]；王雁飞，朱瑜[②]；姚山季，王永贵[③]；吕东[④]；
	QGXR2	我们企业的信誉得到顾客的认可	
	QGXR3	顾客认为如果在服务提供过程中发生什么问题，我们企业会很好地解决	
	QGXR4	无论顾客什么时候需要帮助，顾客都会来请我帮忙	
	QGXR5	顾客觉得我是一个值得信赖的人	
	QGXR6	顾客相信我们会站在他们的立场考虑问题	

5.2.3 组织学习初始量表

借鉴 Ricarda B. Bouncken，Sascha Kraus[⑤] 对组织内学习的测量方法、于海波[⑥]对组织间学习的测量方法，结合本研究的主题，突出顾客参与的作用，形成本研究的组织学习量表，如表 5-3 所示。

---

① Nyhan R C & Marlowe H A. Development and Psychometric Properties of the Organizational Trust Inventory. *Evaluation Review*, 1997, 21(5).

② 王雁飞，朱瑜：《组织社会化、信任、知识分享与创新行为：机制与路径研究》，《研究与发展管理》，2012 年第 2 期。

③ 姚山季，王永贵：《企业一顾客关系影响顾客参与新产品开发的多路径模型》，《经济管理》，2010 年第 11 期。

④ 吕东：《转型经济背景下信任、组织学习对技术型新企业获取竞争优势影响的研究》，吉林大学博士学位论文，2012 年。

⑤ Bouncken R B & Kraus S. Innovation in Knowledge-intensive Industries: The Double-edged Sword of Coopetition. *Journal of Business Research*, 2013.

⑥ 于海波，方俐洛，凌文辁：《组织学习及其作用机制的实证研究》，《管理科学学报》，2007 年第 5 期。

表5-3 组织学习初始量表

变量	题号	测量条目	资料来源
组织学习（ZZXX）	ZZXX1	我常常向顾客学习	Ricarda B. Bouncken, Sascha Kraus[①]；于海波等[②]
	ZZXX2	幸好我从顾客身上学习了知识，我能够更快地处理挑战	
	ZZXX3	由于我从顾客身上吸收知识，因此我能够更快地解决问题	
	ZZXX4	我与顾客会共商我们企业的未来发展	
	ZZXX5	我从与顾客的接触中了解到顾客对服务的期望	
	ZZXX6	我在与顾客的接触过程中完善了自己的知识	
	ZZXX7	我认为与顾客交谈永远是学习的过程	
	ZZXX8	我认为非常有必要向顾客学习	

5.2.4 知识共享量表

主要借鉴姚山季和王永贵[③]、McEvily 和 Marcus[④]、方世荣等[⑤]对知识共享的测量方法，结合本研究的主题，体现顾客参与的作用，形成本研究的知识共享量表，如表5-4所示。

① Bouncken R B & Kraus S. Innovation in Knowledge-intensive Industries：The Double-edged Sword of Coopetition. *Journal of Business Research*，2013.

② 于海波，方俐洛，凌文辁：《组织学习及其作用机制的实证研究》，《管理科学学报》，2007年第5期。

③ 姚山季，王永贵：《顾客参与新产品开发对企业技术创新绩效的影响机制》，《科学学与科学技术管理》，2011年第5期。

④ McEvily B & Marcus A. Embedded Ties and the Acquisition of Competitive Capabilities. *Strategic Management Journal*，2005，26 (11).

⑤ 方世荣，杨伟智，文琼：《新产品开发绩效之研究管理观点》，《科技管理学刊（中国台湾）》，2004年第1期。

表 5-4 知识共享的初始量表

变量	题号	测量条目	资料来源
知识共享（ZSGX）	ZSGX1	我们与顾客之间信息交换频繁，而非局限于既定的协议	姚山季，王永贵①；McEvily，Marcus②；方世荣③；
	ZSGX2	我们与顾客之间相互提醒潜在的问题和变化	
	ZSGX3	我们与顾客之间尽可能地提供对方所需要的信息	
	ZSGX4	我们会与顾客就事情的进展情况交换意见	

5.2.5 服务创新绩效量表

本研究借鉴 Cooper 等④、何德旭和张雪兰⑤、陈劲⑥等对知识密集型服务业创新绩效、金融业服务创新绩效的量表，结合本研究的主题，形成本研究知识密集型服务业创新绩效量表，如表 5-5 所示。

① 姚山季，王永贵：《顾客参与新产品开发对企业技术创新绩效的影响机制》，《科学学与科学技术管理》，2011 年第 5 期。

② McEvily B & Marcus A. Embedded Ties and the Acquisition of Competitive Capabilities. *Strategic Management Journal*, 2005, 26 (11).

③ 方世荣，杨伟智，文琼：《新产品开发绩效之研究管理观点》，《科技管理学刊(中国台湾)》，2004 年第 1 期。

④ Cooper R G & Kleinschmidt E. New products: What Separates Winners from Losers. *Journal of Product Innovation Management*, 1987, 4(3).

⑤ 范钧：《社会资本对 KIBS 中小企业客户知识获取和创新绩效的影响研究》，《软科学》，2011 年第 1 期。

⑥ 陈劲：《知识密集型服务业创新的评价指标体系》，《学术月刊》，2008 年第 4 期。

表 5-5　服务创新绩效的初始量表

变量	题号	测量条目	资料来源
市场绩效（SCJX）	SCJX1	服务创新提高了服务质量	Cooper 等[①]；何德旭和张雪兰[②]；陈劲[③]；
	SCJX2	服务创新活动提高了我们企业的市场占有率	
	SCJX3	服务创新形成了与竞争者差异化的服务	
	SCJX4	我们企业通过经常性的创新活动树立了“创新型企业”形象	
	SCJX5	服务创新提高了企业的竞争力	
顾客绩效（GKJX）	GKJX1	服务创新提高了顾客满意度	
	GKJX2	服务创新增强了企业对顾客需求反应的灵活性	
	GKJX3	服务创新使得服务质量达到或超过顾客的预期	
	GKJX4	服务创新将顾客与企业绑定在一起	
	GKJX5	服务创新简化了流程，缩短了顾客的等待时间	

5.3　通过访谈修改初始量表

笔者就所研究相关变量间的逻辑关系以及测量题项分别向江苏大学管理学院、财经学院的两位专家请教，对题项措辞与类型归并进行深入探讨。在此基础上邀请中国银行江苏大学支行行长（金融业）、江苏汇智知识产权服务有限公司总经理（商务服务业）和江苏金智软件股份有限公司销售总监（信息与通讯服务业）等三位资

① Cooper R G & Kleinschmidt E. New products: What Separates Winners from Losers. *Journal of Product Innovation Management*, 1987, 4(3).

② 范钧：《社会资本对 KIBS 中小企业客户知识获取和创新绩效的影响研究》，《软科学》，2011 年第 1 期。

③ 陈劲：《知识密集型服务业创新的评价指标体系》，《学术月刊》，2008 年第 4 期。

深人士进行半结构化的深度访谈。深度访谈主要关注两个问题:一是修改后的问卷以及量表中的题项能否反映潜变量的内涵;二是查找修改后量表中是否有晦涩、歧义、专业化的语句。这样做的目的是让问卷的题项通俗易懂,提高量表的易读性。具体地说,深度访谈是作者与被访谈人士相互交流对调查问卷的题目、内容、提问方式与编排格式等想法的过程。最后,根据被访谈人士提出的建议进行相应的润色和修改。通过向同行请教以及从业人员的半结构化访谈,对前文设计初始量表进行了如下修改,见表 5-6。

表 5-6 经访谈修改后的量表

维度	题号	测量条目
信息提供(XXTG)	XXTG1	顾客积极地把自己拥有的相关信息传递给我们
	XXTG2	我们能随时知晓市场的情况与信息
	XXTG3	顾客为我们提供有关其需求和偏好的信息
合作生产(HZSC)	HZSC1	顾客的努力对服务创新活动起到了非常重要的作用
	HZSC2	服务创新的顺利实现,需要我们与顾客相互请教与支持
	HZSC3	顾客会与我们探讨方案实施的可能性
	HZSC4	顾客自己设计初步的问题解决方案或制定方案思路
	HZSC5	顾客的知识及技能对服务创新十分重要
	HZSC6	我们不能独立于顾客独自实现服务创新
人际互动(RJHD)	RJHD1	我们与顾客有着十分密切的关系
	RJHD2	我们很受顾客欢迎
	RJHD3	我们在服务过程中经常通过电子邮件、电话、短信等与顾客进行交流
	RJHD4	我们与顾客会有一些工作以外的聚会活动
	RJHD5	有时我们甚至与某些顾客交流他们的私人问题
	RJHD6	我们与顾客的沟通轻松愉快
	RJHD7	我们会组织一些与业务有关的非正式活动,邀请顾客参与

续表

维度	题号	测量条目
认知信任（RZXR）	RZXR1	顾客认为我们的服务水平在不断提高
	RZXR2	顾客认为我们的服务（产品）种类丰富，能够满足他们的需求
	RZXR3	顾客认为我们的服务整体上很好
	RZXR4	顾客认为我们企业的广告宣传是可信的
	RZXR5	顾客不担心我们企业提供的服务会有什么问题
	RZXR6	顾客相信我们企业具有足够履行合同的能力
	RZXR7	顾客很相信我们提供的信息
	RZXR8	我的工作能力得到顾客的认可
情感信任（QGXR）	QGXR1	我们企业的信誉得到顾客的认可
	QGXR2	顾客认为如果在服务提供过程中发生什么问题，我们会很好地解决
	QGXR3	无论顾客什么时候需要帮助，顾客都会来请我帮忙
	QGXR4	顾客觉得我是一个值得信赖的人
	QGXR5	顾客相信我们会站在他们的立场考虑问题
组织学习（ZZXX）	ZZXX1	我常常向顾客学习
	ZZXX2	幸好我从顾客身上学习了知识，我能够更快地处理挑战
	ZZXX3	由于我从顾客身上吸收知识，因此我能够更快地解决问题
	ZZXX4	我与顾客会共商我们企业的未来发展
	ZZXX5	我从与顾客的接触中了解到顾客对服务的期望
	ZZXX6	我在与顾客的接触过程中完善了自己的知识
	ZZXX7	我认为与顾客交谈永远是学习的过程
	ZZXX8	我认为没有必要向顾客学习

续表

维度	题号	测量条目
知识共享（ZSGX）	ZSGX1	我们与顾客之间信息交换频繁，而非局限于既定的协议
	ZSGX2	我们与顾客之间相互提醒潜在的问题、变化及风险
	ZSGX3	我们与顾客之间尽可能地提供对方所需要的信息
	ZSGX4	我们会与顾客就事情的进展情况交换意见
市场绩效（SCJX）	SCJX1	服务创新使我们的产品、服务的销量更好
	SCJX2	经常性的服务创新活动提高了我们企业的市场占有率
	SCJX3	服务创新形成了与竞争者差异化的服务
	SCJX4	服务创新提高了企业的竞争力
	SCJX5	我们企业通过经常性的创新活动树立了“创新型企业”形象
顾客绩效（GKJX）	GKJX1	服务创新提高了顾客满意度
	GKJX2	服务创新增强了企业对顾客需求反应的灵活性
	GKJX3	服务创新使得服务质量达到或超过顾客的预期
	GKJX4	服务创新将顾客与企业绑定在一起
	GKJX5	服务创新简化了流程，缩短了顾客的等待时间

5.4 预调研

5.4.1 预调研对象的基本情况

笔者选取了知识密集型服务业从业人员对第一稿问卷进行了预调研。预调研的目的是通过对量表的项目分析来评判单个题项对整体量表的贡献，从而决定是否保留该题项。问卷回收后主要采用以下方法对问卷进行剔除：①检查问卷是否有规律地填写，比如都填 4 或 1，2，3，4，5 交替填写；②在问卷中设计了反向题，如组织学习的题项，目的就是检查被调查者是否随意作答；③存在多处缺填现象的予以删除；④存在明显雷同的予以删除。按照以上准则，预调研共回收有效问卷 155 份。试测样本的各项特征汇总如表 5-7 所示。

表 5-7　预调研对象基本情况

被调查人员的特征分布		被调查人员数量/个	占总调查人员的比重/%
性别	男性	68	43.9
	女性	87	56.1
年龄	18—30 岁	95	61.3
	31—40 岁	43	27.7
	41—50 岁	13	8.4
	51 岁及以上	4	2.6
文化程度	大专及以下	25	16.1
	大学本科	119	76.8
	硕士	9	5.8
	博士	2	1.3
专业	理工类	46	29.7
	经管类	64	41.3
	人文类	18	11.6
	医学类	17	11.0
	其他	10	0.60
工作岗位	管理类	35	22.6
	技术类	41	26.5
	营销类	50	32.3
	其他	29	18.7

5.4.2 探索性因子分析

因子分析可以分为探索性因子分析和验证性因子分析。本书的信息共享、知识共享量表直接套用了成熟的量表,而合作生产、人际互动、认知信任、情感信任、市场绩效和顾客绩效量表是在借鉴前人研究成果的基础上,结合知识密集型服务业创新特征,自行开发的。因此,本文利用 SPSS 18.0 软件对顾客参与知识密集型服务业创新绩效调查所收集的第一次样本数据进行探索性因子分析,从而进一步提炼量表题项,并确认量表中各个变量的维度。

在进行探索性因子分析之前,本书先进行顾客参与量表、顾客信任、组织学习量表、知识共享量表和服务创新绩效量表的 KMO 值及 Bartlett 球形检验。一般认为,KMO 值应高于 0.7,Bartlett 球形检验 p 值应为 0.000,才适合进行因子分析。经检验,顾客参与量表,顾客信任、组织学习、知识共享量表及服务创新绩效量表的 KMO 值分别为 0.811,0.825,0.912,0.915,Bartlett 球形检验 x^2 值显著性均为 0.000,表明适合进行因子分析。

顾客参与量表采用主成分分析及正交旋转提取特征值大于 1 的因子,累计解释方差 70.115%,16 个题项共提炼出 3 个公因子,没有单一因子能揭示绝大部分的变异量,这表明本研究数据的同源误差不太严重。按照因子分析的一般性原则,探索性因子分析中测度题项的因子载荷值通常须大于 0.5。人际互动题项 RJHD3、合作生产题项 HZSC3 因其所有因子载荷均低于 0.5 而被剔除,见表 5-8。

顾客信任、组织学习、知识共享量表采用主成分分析及正交旋转提取特征值大于 1 的因子,累计解释方差 72.856%,大于临界值 60%,25 个题项共提炼出 4 个公因子,没有单一因子能揭示绝大部分的变异量,这表明本研究数据的同源误差不太严重。认知信任 RZXR8、组织学习 ZZXX4、ZZXX8 因其载荷全部低于 0.5 而被剔除,见表 5-9。

知识密集型服务业创新绩效量表采用主成分分析及正交旋转提取特征值大于 1 的因子,累计解释方差 69.691%,大于临界值

60%,服务创新绩效的10个题项共提炼出2个公因子。市场绩效SCJX3、顾客绩效GKJX2及GKJX4所有因子载荷均小于0.5而被剔除,见表5-10。

探索性因子分析结果表明顾客参与量表、顾客信任量表、组织学习量表、知识共享量表以及知识密集型服务业创新绩效量表具有较好的内部结构。

表5-8 顾客参与的探索性因子分析①

因子	题项编号	成分				备注
		1	2	3	4	
人际互动(RJHD)	RJHD1	0.859	0.208	0.048	0.223	
	RJHD4	0.838	0.131	0.041	0.218	
	RJHD2	0.792	0.152	0.258	0.021	
	RJHD7	0.762	0.133	0.182	−0.179	
	RJHD5	0.651	0.026	0.343	0.086	
	RJHD6	0.553	0.204	0.403	−0.011	
	RJHD3	0.412*	0.337	0.042	−0.038	删除
合作生产(HZXW)	HZXW2	0.214	0.884	0.178	0.164	
	HZXW6	0.051	0.857	0.343	0.172	
	HZXW5	0.113	0.686	0.164	0.200	
	HZXW4	0.351	0.635	0.021	0.175	
	HZXW1	0.254	0.630	0.173	0.063	
	HZXW3	−0.075	0.434*	−0.072	−0.018	删除
信息提供(XXTG)	XXTG1	0.013	0.120	0.132	0.890	
	XXTG2	0.026	0.138	0.147	0.886	
	XXTG3	−0.213	−0.247	−0.226	0.613	
累计解释方差/%		70.115				

① 全部数据样本$n=155$;提取方法是主成分;旋转法是正交旋转法。

表 5-9　顾客信任、组织学习、知识共享量表的探索性因子分析①

因子	题项编号	成分 1	成分 2	成分 3	成分 4	备注
认知信任（RZXR）	RZXR3	0.860	0.131	0.213	0.242	
	RZXR1	0.818	0.175	0.086	0.171	
	RZXR7	0.738	0.165	0.108	0.212	
	RZXR5	0.721	0.132	0.377	0.223	
	RZXR4	0.673	0.263	0.257	0.150	
	RZXR2	0.662	0.211	0.322	0.294	
	RZXR6	0.540	0.137	0.112	0.137	
	RZXR8	0.481*	0.032	0.120	0.015	删除
情感信任（RZXR）	QGXR1	0.201	0.812	0.044	0.133	
	QGXR5	0.232	0.803	0.075	0.042	
	QGXR4	0.050	0.776	0.104	0.219	
	QGXR2	0.132	0.736	0.291	0.076	
	QGXR3	0.011	0.661	0.023	0.133	
知识共享（ZSGX）	ZSGX1	0.215	0.084	0.782	0.112	
	ZSGX3	0.116	0.201	0.776	0.261	
	ZSGX2	0.213	0.123	0.689	0.139	
	ZSGX4	0.382	0.118	0.567	0.125	

① 全部数据样本 $n=155$；提取方法是主成分；旋转法是正交旋转法。

续表

因子	题项编号	成分				备注
		1	2	3	4	
组织学习（ZZXX）	ZZXX2	0.342	0.196	0.229	0.813	
	ZZXX7	0.331	0.134	0.199	0.797	
	ZZXX3	0.235	0.176	0.482	0.781	
	ZZXX1	0.126	0.226	0.166	0.652	
	ZZXX5	0.135	0.220	0.326*	0.638	
	ZZXX6	0.131	0.293	0.194	0.576	
	ZZXX8	0.105	0.331	0.148	0.308*	删除
	ZZXX4	0.064	0.175	0.034	0.132*	删除
累计解释方差/%		72.856				

表 5-10　服务创新绩效的探索性因子分析①

因子	题项编号	成分		备注
		1	2	
市场绩效（SCJX）	SCJX 5	0.855	0.106	
	SCJX 1	0.729	0.373	
	SCJX 4	0.689	0.327	
	SCJX 2	0.627	0.552	
	SCJX3	0.411*	0.310	删除

① 全部数据样本 $n=155$；提取方法是主成分；旋转法是正交旋转法。

续表

因子	题项编号	成分		备注
		1	2	
顾客绩效(GKJX)	GKJX 5	0.240	0.887	
	GKJX 1	0.238	0.863	
	GKJX 3	0.538	0.610	
	GKJX 2	0.247	0.422*	删除
	GKJX 4	0.185	0.316*	删除
累计解释方差/%		69.691		

5.5 形成调查问卷的正式量表

经小样本前测对测量问项进行净化后，一共得到 9 个因子，43 个测度题项，形成的正式量表如表 5-11 所示。

表 5-11 顾客参与影响知识密集型服务业创新绩效正式量表

维度	题项编号	题项
信息提供(XXTG)	XXTG1	顾客积极地把自己拥有的相关信息传递给我们
	XXTG2	我们能随时知晓顾客的情况与信息
	XXTG3	顾客为我们提供有关其需求和偏好的信息
合作生产(HZSC)	HZSC1	顾客的努力对服务创新活动起到了非常重要的作用
	HZSC2	服务创新的顺利实现，需要我们与顾客相互请教与支持
	HZSC3	顾客能够自己设计初步的问题解决方案或制定方案思路
	HZSC4	顾客的知识及技能对服务创新十分重要
	HZSC5	我们不能独立于顾客独自实现服务创新

续表

维度	题项编号	题项
人际互动（RJHD）	RJHD1	我们与顾客有着十分密切的关系
	RJHD2	我们很受顾客欢迎
	RJHD3	我们与顾客会有一些工作以外的聚会活动
	RJHD4	有时我们甚至与某些顾客交流他们的私人问题
	RJHD5	我们与顾客的沟通轻松愉快
	RJHD6	为加强我们与顾客之间的交流，我们会组织一些与业务有关的非正式活动
认知信任（RZXR）	RZXR1	顾客认为我们的服务水平在不断提高
	RZXR2	顾客认为我们的服务（产品）种类丰富，能够满足他们的需求
	RZXR3	顾客认为我们的服务整体上很好
	RZXR4	顾客认为我们企业的广告宣传是可信的
	RZXR5	顾客不担心我们企业提供的服务会有什么问题
	RZXR6	顾客相信我们企业具有足够履行合同的能力
	RZXR7	顾客很相信我们提供的信息
情感信任（QGXR）	QGXR1	我们企业的信誉得到顾客的认可
	QGXR2	顾客认为如果在服务提供过程中发生什么问题，我们企业会很好地解决
	QGXR3	无论顾客什么时候需要帮助，顾客都会来请我们帮忙
	QGXR4	顾客觉得我们是值得信赖的人
	QGXR5	顾客相信我们会站在他们的立场考虑问题

续表

维度	题项编号	题项
组织学习（ZZXX）	ZZXX1	我们我常常向顾客学习
	ZZXX2	幸好我们从顾客身上学习了知识，我们能够更快地处理挑战
	ZZXX3	由于我们从顾客身上吸收知识，我们能够更快地解决问题
	ZZXX4	我们从与顾客的接触中了解到顾客对服务的期望
	ZZXX5	我们在与顾客的接触过程中完善了自己的知识
	ZZXX6	我们认为与顾客交谈永远是学习的过程
知识共享（ZSGX）	ZSGX1	我们与顾客之间信息交换频繁，而非局限于既定的协议
	ZSGX2	我们与顾客之间相互提醒潜在的问题、变化及风险
	ZSGX3	我们与顾客之间尽可能地提供对方所需要的信息
	ZSGX4	我们会与顾客就事情的进展情况交换意见
市场绩效（SCJX）	SCJX 1	服务创新使我们的产品、服务的销量更好
	SCJX 2	服务创新活动提高了企业的市场占有率
	SCJX 3	服务创新提高了企业的竞争力
	SCJX 4	我们企业通过经常性的创新活动树立了“创新型企业”形象
顾客绩效（GKJX）	GKJX1	服务创新提高了顾客满意度
	GKJX2	服务创新使得服务质量达到或超过顾客的预期
	GKJX3	服务创新简化了流程，缩短了顾客的等待时间

5.6 本章小结

为深入探讨顾客参与与知识密集型服务业创新绩效的关系，本章在借鉴已有文献的基础上设计了顾客参与量表、顾客信任量表、组织学习量表、知识共享量表以及知识密集型服务业创新绩效量表。首先确立量表的形式,通过前文的理论研究与文献回顾形成初始量表。在此基础上,根据访谈意见修改初始量表。用修改过的初始量表进行预调研,最后形成调查问卷的正式量表。正式量表包括顾客参与量表共 3 个维度,14 条题项;顾客信任 2 个维度,12 个题项;组织学习量表 1 个维度,6 个题项;知识共享量表 1 个维度,4 个题项;知识密集型服务业创新绩效量表 2 个维度,7 条题项。

第6章 顾客参与影响知识密集型服务业创新绩效的研究设计与数据分析

本章旨在第5章量表设计的基础上，选择合适的研究方法，设计问卷、选择样本和收集数据，并对数据进行描述性统计及信度和效度检验，为实证分析做准备。

6.1 研究方法

6.1.1 调查法

实验法、调查法和案例研究法等都是实证研究方法。在分析考虑应用何种方式作为研究方法时，须考虑研究目的和研究内容。根据罗伯特·殷的整理，不同的研究方法使用条件如表6-1所示。

表6-1 不同社会研究方法的适用条件

研究方法	研究问题的类型	是否需要对研究过程进行控制	研究焦点是否集中在当前问题
实验法	怎么样、为什么	需要	是
调查法	什么人、什么事、在哪里、有多少	不需要	是
档案分析法	什么人、什么事、在哪里、有多少	不需要	是/否
历史分析法	怎么样、为什么	不需要	否
案例研究法	怎么样、为什么	不需要	是

本书主要探讨顾客参与对知识密集型服务业创新绩效的影响，研究的焦点集中在目前问题的探讨，研究中不需要对研究过程进行控制。因此，比较合适的研究方法是调查法和案例研究法。

就数据来源的广泛性而言，调查法能够以较低的成本获得较为广泛的数据。欧洲国家通过调查获得了大量的服务创新数据，如欧共体创新调查 CIS、德国服务创新调查、意大利服务创新调查、欧洲委员会资助的 SI4S 服务创新调查和瑞士服务创新调查等①。鉴于此，本研究选择调查法。所谓调查法是为了达到设想的目的，制定某一计划系统、直接地收集研究对象有关数据，并通过对数据的分析来认识社会科学现象及其规律的研究方法。

6.1.2　结构方程模型

结构方程模型是常用的线性统计建模技术，广泛应用于经济学、管理学、心理学和社会学等研究领域中。其基本原理是假设一组不可观测的变量之间存在某种因果关系，而这些潜变量可以用一组显变量来表示，通过验证这些显变量之间的协方差矩阵，可以估算出线性回归模型的系数，从而在统计上检验假设的理论模型与所研究的过程是否匹配。如果理论模型被证明合适，就可以推断潜变量之间的关系是合理的。结构方程模型具有可同时处理多个因变量、允许因变量和自变量均含有测量误差、可同时估计因子结构和因子关系、容许更大弹性的测量模型以及估计整个模型的拟合程度的优势。

鉴于结构方程模型的这些优势，结构方程分析比传统的多元回归分析更适合本研究假设关系的实证检验：一方面，本研究中的顾客参与、组织学习、知识共享和服务创新绩效等变量都是不可直接测量的变量，只能通过一些可观测的指标从不同侧面去反映，而这

① 申静，张梦雅：《服务创新评价研究的现状、特点与未来》，《情报科学》，2012 年第 2 期。

些可观测的变量,即显变量,往往包含大量的测量误差;另一方面,本书从顾客参与的视角考察了顾客参与对服务创新绩效的影响,试图揭示组织学习在顾客参与与服务创新绩效之间的中介机制,由此涉及顾客参与、组织学习、知识共享和服务创新绩效四者间的关系。结构方程模型不但允许自变量、因变量含有测量误差,且能够同时处理多组因变量,评价多维和相互关联的关系,非常适合本研究所欲探讨的概念模型的检验。因此,本书采用结构方程分析,利用SPSS 18.0 和 AMOS 7.0 软件来进行样本观测数据分析和模型检验。

6.2 研究设计

本节主要阐述研究工作正式实施前的准备工作,主要包括调查问卷的设计、样本的选取以及数据的收集与处理等。

6.2.1 问卷设计

调查问卷共分为三个部分。

第一部分:卷首语。这部分简要说明调查的目的和意义,并强调以下两点:问卷不会向企业反馈,填写问卷不要有顾虑;答案没有对错之分。

第二部分:基本信息。这部分包括填写人的性别、年龄、职位、文化程度、单位性质和行业类型等。

第三部分:问卷正文,即测量量表。为帮助被调查者更好地理解服务创新,问卷正文界定服务创新的概念,并给出实例。顾客参与量表要求答题者根据本单位顾客参与服务创新情况来回答。组织学习量表、知识共享量表要求被调查者对本单位的组织学习以及员工与顾客之间的知识共享程度做出评价。服务创新绩效量表要求被调查者根据本人感受到的本单位服务创新水平、效果做出评价。量表中所有题项均采用里克特五级量表。

6.2.2　样本选择

围绕本书的研究目的，本研究的调查对象应具有如下特征：① 属于知识密集型服务企业；② 顾客存在着一定程度的参与服务创新行为。魏江将知识密集型服务业分为四大类，即金融服务业（银行业、证券业、保险业、其他金融活动）、信息与通信类业（电信和其他信息传输服务业、计算机服务业、软件业）、科技服务业（研究与试验发展、专业技术服务业、工程技术与规划管理、科技交流和推广服务业）、商务服务业（法律服务、咨询与调查、其他商务服务）。本书借鉴魏江的研究，将调研范围锁定在金融服务业、信息与通讯服务业、科技服务业以及商务服务业。

6.2.3　数据收集

正式的问卷调查始于 2013 年 6 月初，2014 年 2 月底结束，整个问卷调查工作历时半年多。正式调研活动仅采取委托收集问卷发放。问卷回收后，仍采用预调研的方法对问卷进行筛选。问卷的调查对象同样为知识密集型行业的从业人员。问卷的发放主要有以下几个渠道。

渠道一：笔者与自己从事知识密集型服务的同学、师长电话联系，邀请他们及其同事作为组织者以及被调查者参与调研。联系妥当后，即用邮政快递发放问卷，并在快递中附一页纸的重要说明，强调两层意思：第一，答案无对错之分，答卷人根据自己的第一感觉填写即可；第二，有时间限制，要求 1 周之内仍用快递寄回。最后表示感谢。由于这些调研的组织者得力，因此这批问卷回收快、质量高。

渠道二：利用我校的校友会资源，邀请相关行业的校友参与问卷调研。我校是一所综合性大学，校友资源几乎遍布各行各业。当然，本研究选择的校友应为金融服务业、信息与通讯服务业、科技服务业以及商务服务业的从业人员。被调研校友的选择主要基于两点考虑：第一，鉴于领导人的影响力、执行力较强，因此我们请校友会的工作人员联系在企业中担任主要负责人或关键岗位负责人的校友；第二，选择与我校有合作、密切联系的校友，这样容易沟通，便于催收问卷。

渠道三：我校是国家知识产权培训基地，每年均组织大规模的知识产权培训。利用 2013 年 7 月的知识产权事务所的从业人员的培训，我们投放了一些问卷。为确保答卷者有足够的耐心来填写问卷，我们并未实地收回问卷。

值得一提的是，为节省被调研者的时间，减少他们的麻烦，我们未采用直接发送电子邮件的方式。

综上所述，本研究所调查的企业主要分布于江苏省各县市，也有一些问卷投放广东、北京和上海等区域。本研究共投放问卷 650 余份，经过两轮电话及实地拜访等方式进行催收，共回收问卷 549 份，其中有效问卷 397 份，有效问卷回收率约 61.08%。

6.3 描述性统计分析

在 SPSS 18.0 软件中录入有效问卷后，为了对被调查对象有较全面的认识和面上的把握，本书对调查数据进行背景资料统计分析。

6.3.1 人员特征

本书选择问卷填写人的性别、年龄、专业、文化程度和工作岗位等进行样本数据的特征描述性统计分析。人员特征变量的频数和频率分布状况如表 6-2 所示。从被调查人员的职位分布可以看出，样本中女性稍微偏多，18～30 岁年龄段的人居多，占 61.2%，拥有大学本科及以上学历的占了一大半，经管类专业的人员占全部被调查人员的比例最高，达 41.2%，被调查者中从事营销工作的比例最高，占 36.0%。通过比较正式样本数据的特征描述性统计分析与预调研的特征描述性统计分析，两者在性别、年龄、文化程度和工作岗位等方面差别不是很大,保证了预调研形成的量表的连续性。

表 6-2　被调查人员的基本特征

被调查人员的特征分布		被调查人员数量/个	占总调查人员的比例/%
性别	男性	180	45.3
	女性	217	54.7
年龄	18～30 岁	243	61.2
	31～40 岁	110	27.7
	41～50 岁	36	9.0
	51 岁及以上	8	2.1
文化程度	大专及以下	69	17.3
	大学本科	276	69.6
	硕士	47	11.8
	博士	6	1.4
专业	理工类	100	25.3
	经管类	164	41.2
	人文类	66	16.6
	其他	67	17.0
工作岗位	管理类	87	21.8
	技术类	110	27.7
	营销类	143	36.0
	其他	57	14.5

6.3.2　企业特征

表 6-3 是被调查企业的基本特征。此次调查涉及多种企业性质,有国有企业、民营企业、私营企业、外商独资企业及中外合资企业,其中国有企业占被调查企业的比例最大,占 64.5%,而中外独

资、中外合作企业仅占1.7%和1.4%。员工数量在100人以下的企业占比最大，占36.3%，近3年资产规模2亿以上的企业约占被调查企业的一半，这与被调查对象一大半属于金融服务业、信息与通讯服务业有关。

表6-3 被调查企业的基本特征

所有制类型			员工数量		
企业性质	样本数/个	比例/%	人数/个	样本数/个	比例/%
国有	16	62.3	小于100	144	36.3
民营	247	14.2	100～500	88	22.1
私营	56	20.4	500～1 000	80	20.1
外商独资	81	1.7	1 000～2 000	33	8.3
中外合资	7	1.4	大于2 000	52	13.1
近3年资产规模			**所属行业**		
资产总额/元	样本数/个	比例/%	行业	样本数/个	比例/%
1 000万以下	77	19.4	金融服务业	165	41.5
1 000～5 000万	67	17.0	信息与通讯服务业	111	28.0
5 000万～1亿	44	11.1	科技服务业	45	11.4
1～2亿	17	4.2	商务服务业	76	19.1
2亿以上	192	48.4			

6.4 同源误差检验

所谓同源误差是指如果变量都由一个人填写，变量即使没有理论关系也会相关。因此，除问卷回收后，对问卷进行甄别，舍弃存在明显雷同的问卷外,本研究还进行了同源误差检验。根据 Podsakoff 和 Organ 的建议[①],在统计上可通过 Harman 单因子检验来验证数据的同源误差严重程度。经检验,未旋转因子分析所得的第一主成分的方差变异为 23.17%,小于临界值 40%,同源误差并不严重,可进行进一步分析。

6.5 信度与效度检验

对问卷的信度和效度进行分析是为了检验研究当中所采用的测量工具是否可靠、有效。信度和效度反映了量表是否充分反映了研究的主题以及测量的稳定性,直接影响到整个研究的价值。

6.5.1 信度检验

信度是指测验结果的一致性、稳定性及可靠性,一般以内部一致性来衡量。本研究主要采用 Cronbach'a 系数作为信度系数分析的指标。关于 Cronbach'a 的取舍标准学术界的认识并不统一。在实际应用中,Cronbach'a 至少大于 0.5,最好能大于 0.7。根据样本数据计算出的 10 个变量相应维度的 Cronbach'a 信度系数如表 6-4 所示。从表 6-4 中可以看到,Cronbach'a 信度系数均达到了 0.8 以上,高于临界值 0.7,这表明各量表内部一致性较高,具有较好的信度。

---

① Podsakoff P M & Organ D W J. Self-reports in Organizational Research: Problems and Prospects. *Journal of Management*, 1986, 12(4).

表 6-4　量表 Cronbach'a系数表

变量及维度	Cronbach'a 信度系数	
顾客参与		
（1）信息提供	0.850	0.862
（2）合作生产	0.877	
（3）人际互动	0.859	
顾客信任		
（1）认知信任	0.813	0.895
（2）情感信任	0.805	
组织学习	0.829	0.829
知识共享	0.835	0.835
服务创新绩效		
（1）顾客绩效	0.866	0.916
（2）市场绩效	0.860	

6.5.2　效度检验

（1）常用效度

信度是效度的必要条件，但不是充分条件，可信度高的测量也可能是完全无效或是在某种程度上无效，因此，还需要对测量结果的效度进行检验。效度是指测量工具问卷或量表能在多高的程度上映射想要测量对象的概念的真实内涵。效度越高表示测量结果就越能显现出所要度量对象的本质特征。常用的效度主要有内容效度、建构效度和外部效度。

① 内容效度

内容效度又称逻辑效度，是指项目对欲测的内容或行为范围取样的适当程度，即测量内容的适当性和相符性，本研究的关键步骤如下：第一，量表在设计时要注意量表来源是否权威、量表是否符合研究的需要、量表的数据是否具有可获得性；第二，依据相关的服务创新理论、知识管理理论等理论与知识，并借鉴相关经典文献资料，在此基础上开发出本文的测量量表；第三，若是国外的量表，要进行“双盲”翻译；第四，将量表翻译稿组织形成调查问卷初稿，邀请该领域内的专家提出建议；第五，向 3 位知识密集型服务业的从业人员请教、探讨已修改过的问卷在语言表达和提问方式上存在的问题，同时对部分题项进行增删、修改；第六，根据他们的意见对调查问卷进行了第二次修改，最终定稿。

② 准则效度

同一概念可能有多种测量方法，若其中一种成为准则，另一种就可以与之比较而判断其效度。当某种测量法 A 具有内容效度时，另一种测量法 B 的准则效度则由 A 决定；如果测试某样本，显示 B 与 A 高度相关，即谓 B 准则效度高，但在调查问卷的效度分析中，选择一个合适的准则往往十分困难，这种方法的应用受到一定限制。因此，本书不考虑用准则效度检验量表的效度。

③ 建构效度

建构效度指测量工具能测量理论上的构想或特质的程度，其重点是在于理论上的假设和对理论假设的考验。由于建构效度便于采用多种方法来实现，因而在实际操作过程中应用最为广泛。目前，大多数研究采用因子分析来检验建构效度。在上文探索性因子分析的基础上，采用验证性因子分析检验量表的建构效度。

(2) 验证性因子分析

理论模型是否得到度量题项数据信息的支持，通常有三类拟合指数可以用于评价。

① 量表测量模型的拟合指数

绝对拟合指数：如卡方值(x^2)、近似均方根误差指数(RMSEA)和拟合优度指数(GFI)等。它用来确定整体模型可以预测协方差或相关矩阵的程度。

相对拟合指数：如比较拟合指数(CFI)等。相对拟合指数是反映理论模型拟合改进状况的指数。

简约拟合指数:如 PGFI 指数和 PNFI 指数。在实践中,简约拟合指数用得不太多。

在本书中用 x^2,x^2/DF,GFI,RMSEA,TLI,CFI 等进行验证性因子分析。结构方程拟合评判指标及判别准则如表 6-5 所示。

利用 AMOS 7.0 软件来计算各量表测量模型的拟合指数,以检验测量模型的有效性。测量模型与数据的拟合程度指标如表 6-6 所示。从该表可以看到,三个量表的拟合指数值表明理论模型的拟合效果总体来说比较好。

表 6-5 结构方程拟合评判指标及判别准则

指标类型	指标名称	判别标准
绝对拟合指数	x^2/DF	1<x^2/DF<3,表示模型拟合效果很好;x^2/DF>5,表示模型需要修正
	GFI	大于 0.9,适配很好;大于 0.8,适配尚可
	AGFI	大于 0.9,适配很好;大于 0.8,适配尚可
	RMSEA	小于 0.05,适配很好;小于 0.08,适配尚可
增值拟合指数	NFI	大于 0.9,适配很好;大于 0.8,适配尚可
	TLI	大于 0.9,适配很好;大于 0.8,适配尚可
	CFI	大于 0.9,适配很好;大于 0.8,适配尚可
简约拟合指数	PGFI	大于 0.5,适配很好
	PNFI	大于 0.5,适配很好

表 6-6　各量表测量模型与数据的拟合指数

指标	顾客参与量表	顾客信任量表	组织学习量表	知识共享量表	服务创新绩效量表	判别标准
x^2/DF	2.823	2.889	2.949	2.846	1.679	1<x^2/DF<3,表示模型拟合效果很好;x^2/DF>5,表示模型需要修正
GFI	0.819	0.901	0.929	0.887	0.890	大于 0.9,适配很好;大于 0.8,适配尚可
AGFI	0.724	0.898	0.861	0.823	0.810	大于 0.9,适配很好;大于 0.8,适配尚可
RMSEA	0.055	0.047	0.057	0.042	0.031	小于 0.05,适配很好;小于 0.08,适配尚可
NFI	0.889	0.914	0.902	0.912	0.902	大于 0.9,适配很好;大于 0.8,适配尚可
TLI	0.872	0.925	0.891	0.886	0.885	大于 0.9,适配很好;大于 0.8,适配尚可
CFI	0.921	0.934	0.926	0.925	0.937	大于 0.9,适配很好;大于 0.8,适配尚可

② 收敛效度

评估收敛效果有三个指标:标准化因子载荷、组合信度(CR)以及平均变异提取量(AVE)。本书使用 AMOS 7.0 软件对各量表进行上述三个指标的计算,顾客参与、组织学习、知识共享以及知识密集型服务业创新绩效的收敛效度结果分别如表 6-7、表 6-8 和表 6-9 所示。

表 6-7　顾客参与的收敛效度

维度	题项编号	标准化因子载荷		组合信度 CR		平均变异提取量 AVE	
		值	评价标准	值	评价标准	值	评价标准
信息提供(XXTG)	XXTG1	0.86	大于 0.5	0.860 7	大于 0.8	0.673 5	大于 0.5
	XXTG2	0.82					
	XXTG3	0.78					

续表

维度	题项编号	标准化因子载荷		组合信度 CR		平均变异提取量 AVE	
		值	评价标准	值	评价标准	值	评价标准
合作生产（HZSC）	HZSC1	0.84	大于0.5	0.905 5	大于0.8	0.657 5	大于0.5
	HZSC2	0.86					
	HZSC3	0.78					
	HZSC4	0.81					
	HZSC5	0.76					
人际互动（RJHD）	RJHD1	0.86	大于0.5	0.929 4	大于0.8	0.687 3	大于0.5
	RJHD2	0.78					
	RJHD3	0.79					
	RJHD4	0.87					
	RJHD5	0.82					
	RJHD6	0.85					

表 6-8　顾客信任量表、组织学习量表、知识共享量表的收敛效度

维度	题项编号	标准化因子载荷		组合信度 CR		平均变异提取量 AVE	
		值	评价标准	值	评价标准	值	评价标准
认知信任（RZXR）	RZXR1	0.87	大于0.5	0.931 3	大于0.8	0.660 1	大于0.5
	RZXR2	0.79					
	RZXR3	0.81					
	RZXR4	0.86					
	RZXR5	0.75					
	RZXR6	0.77					
	RZXR7	0.83					

续表

维度	题项编号	标准化因子载荷		组合信度 CR		平均变异提取量 AVE	
		值	评价标准	值	评价标准	值	评价标准
情感信任（QGXR）	QGXR1	0.84	大于 0.5	0.908 0	大于 0.8	0.664 4	大于 0.5
	QGXR2	0.83					
	QGXR3	0.77					
	QGXR4	0.87					
	QGXR5	0.76					
组织学习（ZZXX）	ZZXX1	0.78	大于 0.5	0.928 5	大于 0.8	0.684 4	大于 0.5
	ZZXX2	0.85					
	ZZXX3	0.83					
	ZZXX4	0.82					
	ZZXX5	0.80					
	ZZXX6	0.88					
知识共享（ZSGX）	ZSGX_T 1	0.82	大于 0.5	0.914 2	大于 0.8	0.727 3	大于 0.5
	ZSGX _T 2	0.88					
	ZSGX _T 3	0.87					
	ZSGX_T 4	0.84					

表 6-9　知识密集型服务业创新绩效的收敛效度

维度	题项编号	标准化因子载荷		组合信度 CR		平均变异提取量 AVE	
		值	评价标准	值	评价标准	值	评价标准
市场绩效（SCJX）	SCJX1	0.82	大于 0.5	0.845 3	大于 0.8	0.645 6	大于 0.5
	SCJX2	0.81					
	SCJX3	0.78					

续表

维度	题项编号	标准化因子载荷		组合信度 CR		平均变异提取量 AVE	
		值	评价标准	值	评价标准	值	评价标准
顾客绩效（GKJX）	GKJX1	0.78	大于 0.5	0.891 6	大于 0.8	0.673 1	大于 0.5
	GKJX2	0.82					
	GKJX3	0.83					
	GKJX4	0.85					

从表 6-7、表 6- 8 和表 6-9 可以看到，顾客参与量表、组织学习量表、知识共享量表以及知识密集型服务业创新绩效量表各题项的因子载荷系数均高于临界值 0.5，AVE 值均高于临界值 0.5，CR 值均高于临界值 0.8。因此，这些量表具有较好收敛效度。

根据上述分析结果，本书开发的量表具有良好的建构效度，体现出测量结果与建构之间很好的对应关系。

6.6 本章小结

本章首先根据本书的研究目的和研究内容选择了合适的实证研究方法，确立了采用调查法来研究顾客参与、顾客信任、组织学习、知识共享以及服务创新绩效之间关系。其次，本章进行了研究设计，包括问卷的设计、样本的选择以及数据如何收集，并针对样本资料进行了描述性统计分析。为检验研究当中所采用的测量工具是否可靠、有效，本书运用 Cronbach'a 系数和探索性因素分析对各测量量表的信度与效度检验。

第7章　顾客参与影响知识密集型服务业创新绩效的模型假设检验

本章旨在构建顾客参与、组织学习、知识共享及服务创新绩效的结构方程模型，并以知识密集型服务业为研究对象进行实证研究，揭示顾客参与影响知识密集型服务业创新绩效的作用、机制及路径。

7.1　整体模型检验

7.1.1　整体模型的设定

根据顾客参与对知识密集型服务业创新绩效的影响机制的概念模型，本书设置了初始结构方程模型，如图7-1所示。本书将利用AMOS 7.0软件对结构方程模型和假设进行检验。

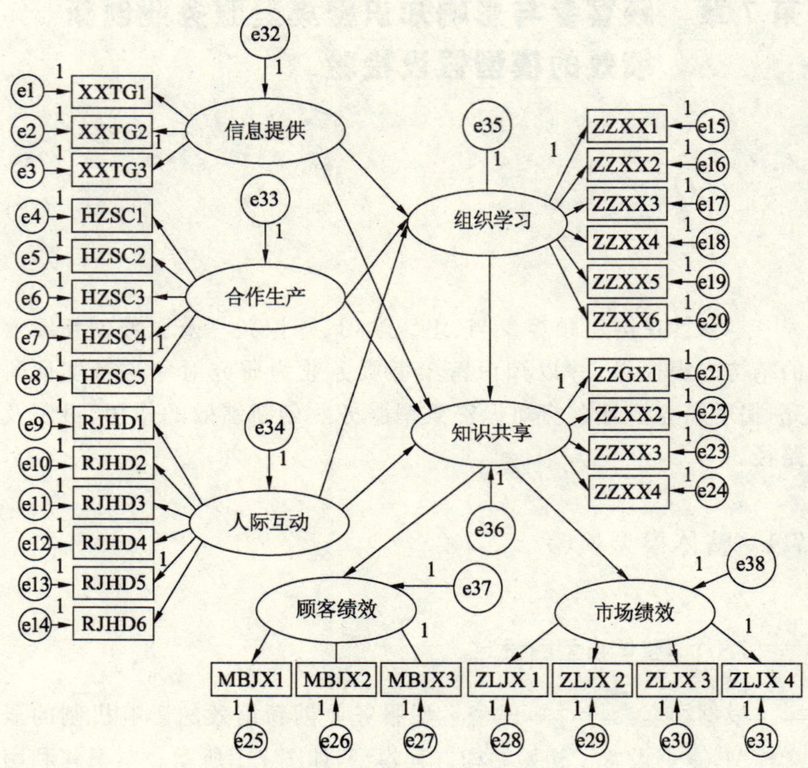

图 7-1　基于概念模型的初始结构方程模型

7.1.2　整体模型的拟合及假设检验

为了解调研数据与结构方程模型的匹配程度，本书利用 AMOS 7.0 软件计算出模型的拟合值，如表 7-1 所示。x^2/DF 值为 2.578，GFI 为 0.831，AGFI 为 0.815，RMSEA 为 0.071，NFI 为 0.806，TLI 为 0.852，CFI 为 0.867。拟合值虽在拟合接收范围之内，但拟合效果不太好。

表 7-1　初始模型拟合结果

指标	拟合值	判别标准
x^2/DF	2.578	1<x^2/DF<3,拟合效果很好;x^2/DF>5,需要修正
GFI	0.831	大于 0.9,适配很好;大于 0.8,适配尚可
AGFI	0.815	大于 0.9,适配很好;大于 0.8,适配尚可
RMSEA	0.071	小于 0.05,适配较好;小于 0.08,适配合理
NFI	0.806	大于 0.9,适配很好;大于 0.8,适配尚可
TLI	0.852	大于 0.9,适配很好;大于 0.8,适配尚可
CFI	0.867	大于 0.9,适配很好;大于 0.8,适配尚可

初始模型各条路径检验结果见表 7-2。根据检验结果,“人际互动对知识共享具有正向影响”0.407(p 不显著)没有通过检验,其余假设均通过了检验,因此将这条路径删除。

表 7-2　初始模型路径检验结果

路径	关系	标准化路径系数	*C.R.*	*P*	结果
组织学习←信息提供	+	0.179	2.827**	0.003	支持
组织学习←合作生产	+	0.241	3.956***	***	支持
组织学习←人际互动	+	0.148	2.419*	0.015	支持
知识共享←信息提供	+	0.213	3.652***	***	支持
知识共享←合作生产	+	0.112	2.154*	0.042	支持
知识共享←人际互动	+	0.019	0.407	0.427	不支持
知识共享←组织学习	+	0.287	4.518***	***	支持
顾客绩效←知识共享	+	0.279	4.498***	***	支持
市场绩效←知识共享	+	0.291	4.535**	***	支持

注:* 表示在 0.05 的水平上显著;** 表示在 0.01 的水平上显著;*** 表示在 0.001 的水平上显著。

7.1.3 整体模型的修正

初始模型未拟合成功是产生模型分析中较常见的现象。Hatcher 指出很少有模型只经过一次运算就能够拟合成功，其原因可能是所构建的概念模型本身的确存在一些问题，也有可能是因为通过调查问卷所获得的数据所造成的偏差①。针对拟合结果，有必要对初始模型进行修正。

本书在理论模型基础上去掉“人际互动对知识共享具有正向影响”“信任对知识共享具有正向影响”的路径后，再根据 AMOS 7.0 软件计算出的修正指数(MI)对初始模型进行修正，修正后的模型拟合结果如表 7-3 所示。从表 7-3 可以看到，经过修正的结构方程模型的各项拟合指标明显好于初始模型的拟合指标，且拟合度较好。

表 7-3 修正后模型拟合结果

指标	拟合值	判别标准
x^2/DF	1.712	$1<x^2/DF<3$，表示模型拟合效果很好 $x^2/DF>5$，表示模型需要修正
GFI	0.886	大于 0.9，适配很好；大于 0.8，适配尚可
AGFI	0.850	大于 0.9，适配很好；大于 0.8，适配尚可
RMSEA	0.047	小于 0.05，适配很好；小于 0.08，适配尚可
NFI	0.873	大于 0.9，适配很好；大于 0.8，适配尚可
TLI	0.918	大于 0.9，适配很好；大于 0.8，适配尚可
CFI	0.935	大于 0.9，适配很好；大于 0.8，适配尚可

表 7-4 为修正后模型的路径检验结果。可以看到，修正后的模型中的路径系数较为理想且均显著，这表明修正后的模型较好地拟合了数据，更真实地反映了调查数据中变量之间的关系。

---

① Hateher L. *A Step-by-step Approach to Using the SAS System for Factor Analysis and Structural Equation Modeling*. SAS Publishing, 1994.

根据研究假设的检验结果，顾客参与对知识密集型服务业创新绩效作用机制的结构方程模型如图 7-2 所示。首先，信息提供、合作生产均通过组织学习和知识共享来提升服务创新绩效；人际互动均通过组织学习促进知识共享，进而提升影响服务创新绩效，但它对于知识共享没有显著影响。其次，所有潜变量之间均是正相关关系，如信息提供与知识共享正相关，知识共享与市场绩效、顾客绩效正相关，即信息提供越多，越有利于知识共享，知识共享强度越大对市场绩效、顾客绩效的促进作用也就越大。

表 7-4　修正后模型的路径检验结果

路径	关系	标准化路径系数	*C.R.*	*P*	结果
组织学习←信息提供	＋	0.188	2.953***	***	支持
组织学习←合作生产	＋	0.256	3.925***	***	支持
组织学习←人际互动	＋	0.167	2.563**	0.008	支持
知识共享←信息提供	＋	0.273	4.231***	***	支持
知识共享←合作生产	＋	0.197	2.248	0.024	支持
知识共享←组织学习	＋	0.305	4.116*	***	支持
顾客绩效←知识共享	＋	0.317	4.589***	***	支持
市场绩效←知识共享	＋	0.336	4.637***	***	支持

注：* 表示在 0.05 的水平上显著；** 表示在 0.01 的水平上显著；*** 表示在 0.001 的水平上显著。

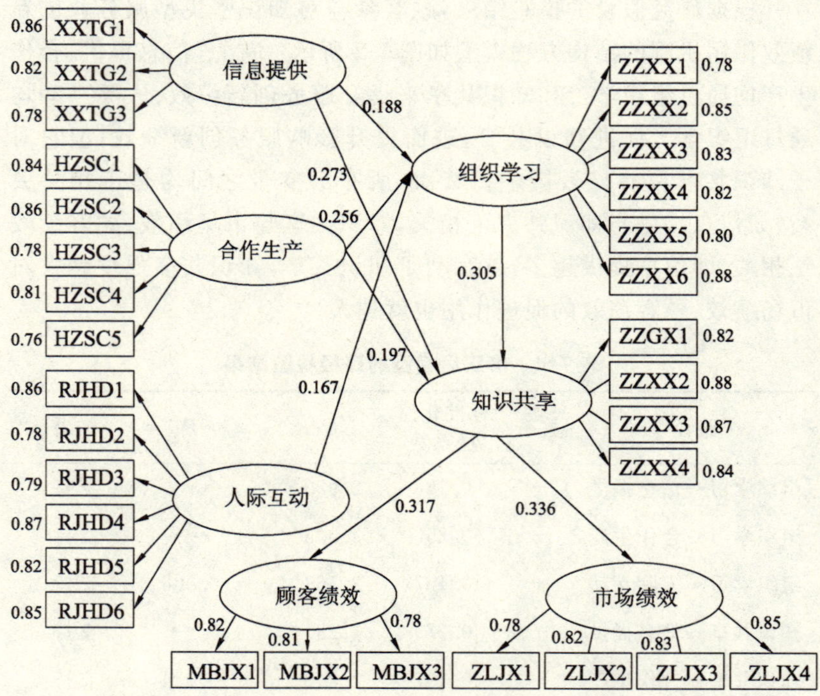

图 7-2 顾客参与对知识密集型服务业创新绩效影响的修正结构方程模型

7.2 组织学习中介效应检验

根据 Baron 和 Kenny 的研究[①]，组织学习在顾客参与与知识共享之间起中介作用须满足四个条件：① 顾客参与与组织学习之间的相关关系是显著的；② 组织学习与知识共享之间的相关关系是显著的；③ 顾客参与与知识共享之间的相关关系是显著的；④ 在组织学

① Baron R M & Kenny D A. The Moderator-mediator Variable Distinction in Social Psychological Research: Conceptual, Strategic, and Statistical Considerations. *Journal of Personality and Social Psychology*, 1986 (51).

习变量加入到理论模型中之后，顾客参与与知识共享之间的关系会发生变化。若顾客参与与知识共享之间原有的相关关系不存在了，则表明组织学习起到的是完全中介作用；若顾客参与与知识共享之间原有的关系减弱了，则表明组织学习起到的是部分中介作用。

为了清晰地表现顾客参与各变量通过组织学习作用于知识共享，进而影响服务创新绩效的作用机制，本书分别进行顾客参与各变量（信息提供、合作生产及人际互动）与组织学习、知识共享的检验，检验思路如图 7-3 所示。图 7-4 至图 7-7 是顾客参与的各维度通过组织学习影响知识共享，进而影响知识密集型服务业创新绩效的路径系数图。

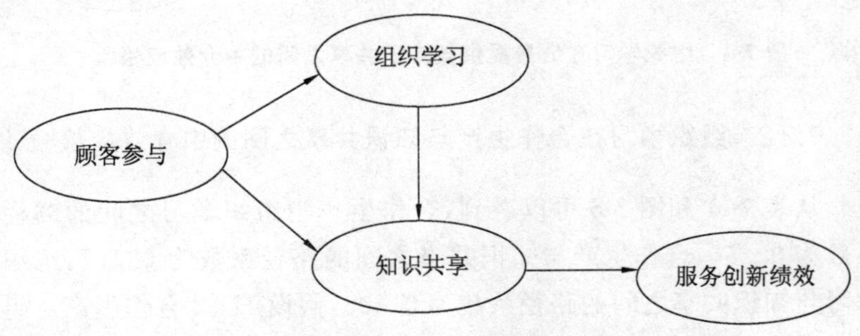

图 7-3　组织学习的中介效应检验思路

7.2.1　组织学习在信息提供与知识共享之间的中介效应检验[①]

从表 7-4 和图 7-4 可以看到，信息提供与组织学习之间的路径系数为 0.188，信息提供与知识共享之间的路径系数为 0.273，组织学习与知识共享之间的路径系数为 0.305，假设 H1-1 信息提供对组织学习具有显著影响，H2-1 信息提供对知识共享具有显著影响以及假设 H3 组织学习对知识共享具有显著影响，H1-1 和 H2-1 及

① 从图 7-3 看到，知识共享在顾客参与和服务创新绩效之间发挥了完全中介作用，因此本研究仅讨论组织学习发挥的是部分中介还是完全中介作用。

H3 均通过检验。由此可见,信息提供不但可以通过组织学习对知识共享产生间接影响,而且还可以直接促进知识共享。因此,组织学习在信息提供和知识共享之间起到了部分中介作用。

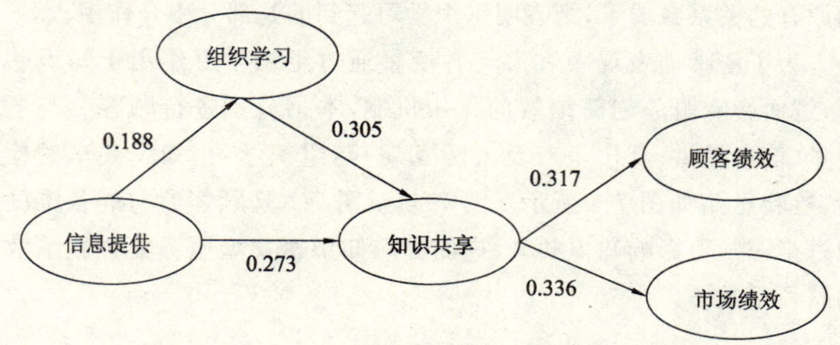

图 7-4　组织学习在信息提供与知识共享之间的中介效应检验

7.2.2　组织学习在合作生产与知识共享之间的中介效应检验

从表 7-4 和图 7-5 可以看到,合作生产与组织学习之间的路径系数为 0.256,合作生产与知识共享之间的路径系数为 0.197,组织学习与知识共享之间的路径系数为 0.305,假设 H1-2 合作生产对组织学习具有显著影响,H2-2 合作生产对知识共享具有显著影响以及假设 H3 组织学习对知识共享具有显著影响,H1-2 和 H2-2 及 H3 均通过检验。由此说明合作生产不但可以通过组织学习对知识共享产生间接影响,而且还可以直接促进知识共享。因此,组织学习在合作生产和知识共享之间起到了部分中介作用。

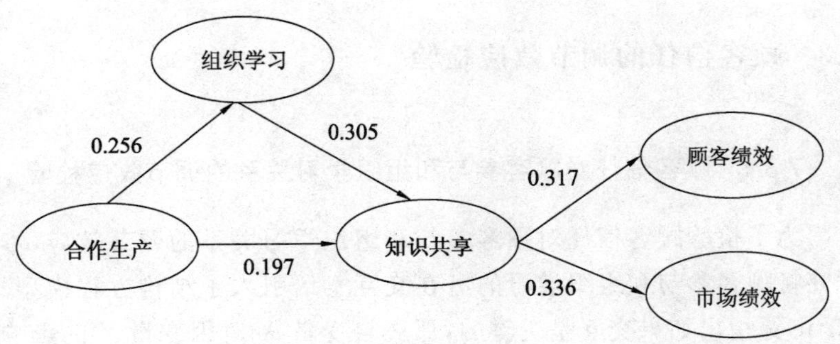

图 7-5　组织学习在合作生产与知识共享之间的中介效应检验

7.2.3　组织学习在人际互动与知识共享之间的中介效应检验

组织学习在人际互动与知识共享之间的中介效应检验如图 7-6 所示。可以看到,人际互动与组织学习的路径系数为 0.167,组织学习对知识共享的路径系数分别为 0.305,而人际互动与知识共享之间的路径系数未达到显著水平。假设 H1-3 人际互动对组织学习具有显著影响以及假设 H3 组织学习对知识共享具有显著影响均得到支持,而假设 H2-4 人际互动对知识共享具有显著影响未获支持。因此,人际互动需通过组织学习才能对知识共享产生间接影响,组织学习起到的完全是中介作用。

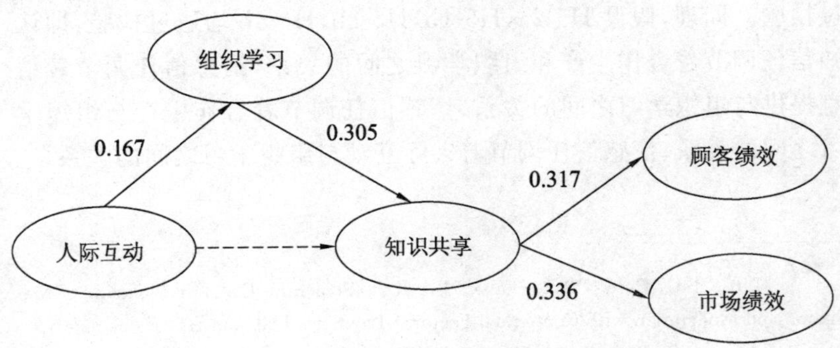

图 7- 6　组织学习在人际互动与知识共享之间的中介效应检验

7.3 顾客信任的调节效应检验

7.3.1 顾客信任对顾客参与和组织学习关系的调节效应检验

为了检验顾客信任对顾客参与和组织学习关系的调节效应，本研究将顾客参与和组织学习的潜在交互术语引入了结构方程模型。Little 等指出如果交互是关键的，那么自变量 X 对因变量 Y 的影响取决于调节变量 M 的大小[①]。根据 Aiken 等的研究，在设置交互项之前，要先对自变量及调节变量进行中心化，从而减少交互项、自变量与应变量的多重共线性[②]。本研究利用多层回归检验顾客信任对顾客参与和组织学习的调节作用，有 3 个关键步骤：① 将控制变量设置为自变量，将组织学习设置为因变量进行回归；② 在第一步的基础上增加信息提供、合作生产、人际互动、认知信任和情感信任 5 个自变量；③ 在第二步的基础上加入顾客参与和顾客信任的交互项。

顾客信任对顾客参与和组织学习之间关系调节作用的多层回归分析结果见表 7-5。可以看到，认知信任在合作生产与组织学习之间并没有发挥调节作用，假设 H5-3a 不成立。认知信任调节着信息提供与组织学习之间的关系（$r=0.32, p<0.01$），假设 H5-1a 通过检验。同理，假设 H5-2a，H5-1b，H5-2b，H5-3b 均通过检验，即认知信任调节着合作生产和组织学习之间的关系、情感信任调节着信息提供与组织学习之间的关系、情感信任调节着合作生产与组织学习之间的关系、情感信任调节着人际互动与组织学习之间的关系。

---

① Little T D, Card N A & Bovaird J A et al. Structural Equation Modeling of Mediation and Moderation with Contextual Factors. Lawrence Erlhaum Associates, 2007.

② Aiken L S, West S G & Reno R R. Multiple Regression: Testing and Interpreting Interactions. Sage Publications, 1991.

表 7-5　顾客信任对顾客参与和组织学习之间关系调节作用的多层回归分析结果

	变量	模型 1	模型 2	模型 3
控制变量	企业规模	0.16**	0.13	0.06
	所有权类型	0.11	0.05	0.07
自变量	信息提供		0.19**	0.16*
	合作生产		0.17*	0.10
	人际互动		0.26***	0.60***
	认知信任		0.28***	0.25**
	情感信任		0.25***	0.54***
交互项	信息提供 * 认知信任			0.32***
	合作生产 * 认知信任			0.11
	人际互动 * 认知信任			0.28**
	信息提供 * 情感信任			0.48***
	合作生产 * 情感信任			0.26**
	人际互动 * 情感信任			0.21*
统计量	R^2	0.219	0.285	0.312
	F 值	12.56	15.89	20.77
	$\triangle R^2$		0.33	0.02
	$\triangle F$ 值		1.87	0.31

注：* 表示在 0.05 的水平上显著；** 表示在 0.01 的水平上显著；*** 表示在 0.001 的水平上显著。

7.3.2　顾客信任对顾客参与和知识共享关系的调节效应检验

本研究利用多层回归检验顾客信任对顾客参与和组织学习的调节作用，有 3 个关键步骤：① 将控制变量设置为自变量，将知识共享设置为因变量进行回归；② 在第一步的基础上增加信息提供、合作生产、人际互动、认知信任和情感信任 5 个自变量；③ 在第二步的基础上加入顾客参与和顾客信任的交互项。

顾客信任对顾客参与和知识共享之间关系调节作用的多层回归分析结果见表 7-6。可以看到，认知信任调节着信息提供与知识共享之间的关系（$r=0.45$，$p<0.001$），假设 H6-1a 通过检验。同理，假设 H6-2a，H6-1b，H6-2b 均通过检验，即认知信任调节着合作生产和知识共享之间的关系、情感信任调节着信息提供与知识共享之间的关系、情感信任调节着合作生产与知识共享之间的关系。

表 7-6　顾客信任对顾客参与和知识共享之间关系调节作用的多层回归分析结果

	变量	模型 1	模型 2	模型 3
控制变量	企业规模	0.16**	0.21	0.14
	所有权类型	0.11	0.12	0.05
自变量	信息提供		0.27*	0.26**
	合作生产		0.20*	0.22*
	认知信任		0.31**	0.57***
	情感信任		0.35**	0.31***
交互项	信息提供 * 认知信任			0.45***
	合作生产 * 认知信任			0.38***
	信息提供 * 情感信任			0.24**
	合作生产 * 情感信任			0.19*
统计量	R^2	0.219**	0.331	0.342
	F 值	10.56	16.79	19.65
	$\triangle R^2$		0.34	0.14
	$\triangle F$ 值		2.55	1.43

注：* 表示在 0.05 的水平上显著；** 表示在 0.01 的水平上显著；*** 表示在 0.001 的水平上显著。

7.4　检验结果的讨论

假设检验的结果汇总如表 7-7。

表 7-7　模型验证结果汇总表

序号	假设	验证结果
H1	顾客参与对组织学习具有正向影响	支持
H1-1	信息提供对组织学习具有正向影响	支持
H1-2	合作生产对组织学习具有正向影响	支持
H1-3	人际互动对组织学习具有正向影响	支持
H2	顾客参与对知识共享具有正向影响	部分支持
H2-1	信息提供对知识共享具有正向影响	支持
H2-2	合作生产对知识共享具有正向影响	支持
H2-4	人际互动对知识共享具有正向影响	不支持
H3	组织学习对知识共享具有正向影响	支持
H4	知识共享对服务创新绩效具有正向影响	支持
H4-1	知识共享对市场绩效具有正向影响	支持
H4-2	知识共享对顾客绩效具有正向影响	支持
H5	顾客信任正向调节顾客参与和组织学习之间的关系	部分支持
H5-1	认知信任正向调节顾客参与和组织学习之间的关系	支持
H5-1a	认知信任正向调节信息提供和组织学习之间的关系	支持
H5-2a	认知信任正向调节合作生产和组织学习之间的关系	不支持
H5-3a	认知信任正向调节人际互动和组织学习之间的关系	支持
H5-2	情感信任正向调节顾客参与和组织学习之间的关系	支持
H5-1b	情感信任正向调节信息提供和组织学习之间的关系	支持
H5-2b	情感信任正向调节合作生产和组织学习之间的关系	支持
H5-3b	情感信任正向调节人际互动和组织学习之间的关系	支持
H6	顾客信任正向调节顾客参与和知识共享之间的关系	部分支持
H6-1	认知信任正向调节顾客参与和知识共享之间的关系	支持
H6-1a	认知信任正向调节信息提供和知识共享之间的关系	支持

续表

序号	假设	验证结果
H6-2a	认知信任正向调节合作生产和知识共享之间的关系	支持
H6-3a	认知信任正向调节人际互动和知识共享之间的关系	不支持
H6-2	情感信任正向调节顾客参与和知识共享之间的关系	支持
H6-1b	情感信任正向调节信息提供和知识共享之间的关系	支持
H6-2b	情感信任正向调节合作生产和知识共享之间的关系	支持
H6-3b	情感信任正向调节人际互动和知识共享之间的关系	不支持

7.4.1 知识共享能显著提升知识密集型服务业创新绩效

本书有力地支持了 Srivastava①，Easterby-Smith②，Hargadon③，Amabile④ 等国外学者关于知识共享能有效促进服务创新绩效的观点。

第一，本书假设的知识共享对市场绩效具有显著促进作用得到了实证支持。在本研究最终确立的结构方程模型中，“知识共享－市场绩效”的标准化路径系数为 0.336（见图 7-2），说明知识共享能够提升市场绩效，知识密集型服务业与顾客之间的知识共享能够极大地增强企业对顾客需求反应的灵活性、提高顾客的满意度。

第二，本书假设的知识共享对顾客绩效具有显著促进作用得到了实证支持。在本书最终确立的结构方程模型中，“知识共享－顾客绩效”的标准化路径系数为 0.317（见图 7-2），说明知识共享能够

① Srivastava A，Bartol K M & Locke E A. Empowering Leadership in Management Teams：Effects on Knowledge Sharing，Efficacy，and Performance. *Academy of Management Journal*，2006，49 (6).

② Easterby-Smith M，Lyles M L & Tsang E W K. Inter-Organizational Knowledge Transfer：Current Themes and Future Prospects. *Journal of Management Studies*，2008，45(4).

③ Hargadon A & Sutton R I. Technology Brokering and Innovation in a Product Development Firm. *Administrative Science Quarterly*，1997，42 (4).

④ Amabile T M. *Social Psychology of Creativity*. Springer-Verlag，1983.

提升顾客绩效，知识密集型服务业与顾客之间的知识共享能够极大地降低服务成本、提高市场占有率和企业竞争力。

因此本书可以得出两点结论：一是知识共享对服务创新绩效各维度的影响均较高，但程度有差异；二是知识密集型服务业与顾客之间知识共享的程度越高，越能帮助知识密集型服务业更快、更多视角地理解服务创新及开发过程，更容易发现服务创新中存在的问题及潜在的机遇，更有助于新概念、新想法的出现，这样服务创新更易产生、解决方案更易形成[①]。

7.4.2　组织学习能有效促进知识共享

本书有力地支持了 Anonymous[②]、William 等[③]、刘顺忠[④]、谢洪明[⑤]、蒋天颖[⑥]等国内外学者关于组织学习能有效促进知识共享的观点。

在本书最终确定的结构方程模型中，组织学习与知识共享的标准化系数为 0.305(见图 7-2)。因此本书认为组织学习能够促进知识共享，进而提升知识密集型服务业的创新绩效，且不同的组织学习维度对知识共享的影响程度不同。

---

① 王琳：《KIBS 企业—顾客互动对服务创新绩效的作用机制研究》，浙江大学博士学位论文，2012 年。

② Anonymous. Invista's Fabric for Successful Differentiation. *Strategic Direction*, 2006, 22(3).

③ William R K, Chung T R & Haney M H. Knowledge Management and Organizational Learning. *Omega*, 2008, 36(2).

④ 刘顺忠：《组织学习能力对新服务开发绩效的影响机制研究》，《科学学研究》，2009 年第 3 期。

⑤ 谢洪明，吴隆增，王成：《组织学习、知识整合与核心能力的关系研究》，《科学学研究》, 2007 年第 2 期。

⑥ 蒋天颖，张一青，王俊江：《战略领导行为、学习导向、知识整合和组织创新绩效》，《科研管理》，2009 年第 6 期。

7.4.3 顾客参与能够提升知识密集型服务业创新绩效

(1) 信息提供能够直接作用于知识共享,进而提升知识密集型服务业的创新绩效

本书验证了信息提供能够促进知识共享,这与 Claycomb 等[①]、McEvily 和 Marcus[②]、Lundkvist 和 Yakhlef 等学者的研究一致。顾客的信息、知识密集型服务业与顾客之间的知识共享两者之间存在正向相关关系的原因可能在于:对于知识密集型服务业而言,它是知识的生产者、知识的转移者以及知识的整合者,而顾客拥有异质性资源,顾客只有提供了相关的知识、信息,知识密集型服务业才能与顾客共享这些顾客拥有的知识[③]。因此顾客的信息提供对知识密集型服务业与顾客之间的知识共享具有促进作用。

本研究不但证实了信息提供能够直接促进知识共享,而且还验证了组织学习是信息提供与知识共享之间的中介变量,这与 Lagrosen[④]、Gallouj[⑤]、张若勇等[⑥]国内外学者关于信息提供对组织学习有直接促进作用的观点类似。这进一步说明知识密集型服务业仅仅拥有顾客提供的信息是不够的,知识密集型服务业还需具备一定

---

① Claycomb C, Lengnick-Hall C & Inks L. The Customer as a Productive Resources: A Pilot Study and Strategic Implications. *Journal of buisness Strategies*, 2001, 18 (1).

② McEvily B & Marcus A. Embedded Ties and the Acquisition of Competitive Capabilities. *Strategic Management Journal*, 2005, 26 (11).

③ Gebert H, Geib M & Kolbe L. Knowledge-enabled Customer Relationship Management: Integrating Customer Relationship Management and Knowledge Management Concepts. *Journal of Knowledge Management*, 2003, 7(5).

④ Lagrosen S. Customer Involvement in New Product Development: A Relationship Marketing Perspective. *Journal of Innovation Management*, 2005, 8 (4).

⑤ Gallouj F. Innovating in Reverse: Services and the Reverse Product Cycle. *European Journal of InnovationManagement Bradford*, 1998, 12(3).

⑥ 张若勇,刘新梅,王海珍:《顾客—企业交互对服务创新的影响:基于组织学习的视角》,《管理学报》,2010 年第 2 期。

的学习能力，将顾客的知识转换为可以共享的知识。

在本研究最终确定的结构方程模型中，“信息提供－组织学习”的路径系数是 0.188(见图 7-2)，“信息提供－知识共享”的标准化路径系数为 0.273，“知识共享－市场绩效”的标准化系数为 0.336，“知识共享－顾客绩效”的标准化系数为 0.317，因此，信息提供对市场绩效的总效应为 0.797，对顾客绩效的总效应为 0.810。所以，笔者认为信息提供能够直接作用于知识共享，进而提升知识密集型服务业的创新绩效。

(2) 合作生产能够直接作用于知识共享，进而提升知识密集型服务业创新绩效

与 Lengnick-Hall、van Beuningen、Chen、Millissa 和 Cheung、Ursula 和 Grissemann 以及 Schulte 等学者的研究相似，本研究验证了合作生产对知识密集型服务业创新绩效具有显著的正向关系。合作生产程度越高，知识密集型服务业与顾客之间的学习、知识共享就越强，进而促进服务创新绩效的提升。

在本研究最终确定的结构方程模型中，“合作生产—组织学习”的标准化系数为 0.256(见图 7-2)，“合作生产—知识共享”的标准化系数为 0.197，“知识共享—市场绩效”的标准化系数为 0.336，“知识共享—顾客绩效”的标准化系数为 0.317，因此，合作生产对市场绩效的总效应为 0.700，对顾客绩效的总效应为 0.681。所以，笔者认为合作生产不仅对知识共享产生直接的促进作用，还可以通过组织学习对知识共享产生间接的正向影响，进而提升知识密集型服务业的创新绩效。

(3) 人际互动通过组织学习的中介作用促进知识共享，进而提升知识密集型服务业创新绩效

本研究强调并证实了人际互动对于知识共享的影响必须通过组织学习的中介作用，也就是说人际互动并不会直接促进知识共

享。这与 Hsua[①]、Chow 和 Chan[②] 及 Foss[③] 等国外学者关于人际互动对知识共享有直接的促进作用的观点存在差异。本研究认为这并不是与其矛盾的结论,而是对该研究的拓展与深化:

首先,他们可能并没有意识到组织学习在人际互动与知识共享之间起到的极重要的中介作用。其次,与研究对象有关。知识密集型服务业不同于普通的服务业。知识密集型服务业在服务过程中,除了向顾客提供知识服务外,还向顾客学习顾客知识,正如 Kam 所指出的知识密集型服务业与顾客是一个双边学习过程[④]。因此,知识密集型服务业与顾客之间仅仅有着人与人之间的沟通、交流及互动无法实现知识的共享,必须通过组织学习这一环节才能实现知识密集型服务业与顾客之间知识的转移、整合及创造。事实上,组织学习是知识共享的手段之一,而这正是 Senge[⑤],Dixon[⑥],Hendriks[⑦] 等国外学者的观点。最后,可能还有收集的数据方面的问题。

在本研究最终确定的结构方程模型中,"人际互动—组织学习"的标准化系数为 0.167(见图 7-2),"知识共享—市场绩效"的标准化系数为 0.336,"知识共享—顾客绩效"的标准化系数为 0.317,因此,信任对市场绩效的总效应为 0.592,对顾客绩效的总效应为 0.573。

---

① Hsua M, Jub T & Yenc C. Knowledge Sharing Behavior in Virtual Communities: The Relationship between Trust, Self-efficacy, and Outcome Expectations. *Human Computer Studies*, 2007, 65(6).

② Chow W & Chan L. Social Network, Social Trust and Shared Goals in Organizational Knowledge Sharing. *Information & Management*, 2008, 45(2).

③ Foss N. Linking Customer Interaction and Innovation: The Mediating Role of New Organizational Practices. *Organization Science*, 2011, 22(4).

④ Kam W & He Z. The Impacts of Knowledge Interaction with Manufacturing Clients on KIBS Firms Innovation Behavior. The UNU/WIDER Conference on the New Economy in Development, 2002.

⑤ Senge P. Sharing Knowledge. *Executive Excellence*, 1997, 14(11).

⑥ Dixon N. *Common Knowledge: How Companies Thriveon Sharing What They Know*. Harvard University Press, 2000.

⑦ Hendriks P. Why Share Knowledge? The Influence of ICT on the Motivation for Knowledge Sharing. *Knowledge and Process Management*, 1999, 6(2).

所以，笔者认为人际互动能够通过组织学习促进知识共享，进而提升知识密集型服务业的创新绩效。

7.4.4 顾客信任在顾客参与和组织学习之间发挥着部分调节作用

根据研究假设的验证结果，顾客信任对顾客参与和组织学习关系的调节作用模型如图 7-7 所示。可以看出，认知信任对信息提供和组织学习以及合作生产和组织学习具有显著的调节作用；情感信任对信息提供和组织学习、合作生产和组织学习、人际互动和组织学习具有显著的调节作用。

本书提出的 H5-1a 假设通过了验证（$r=0.32, p<0.001$），意味着顾客对知识密集型服务业员工、团队或组织的认知信任程度越高，信息提供对组织学习的正向效应越显著。也就是说，在顾客的认知信任较高的情境下，顾客提供有关服务需求、服务质量等信息更有利于促进知识密集型服务业的员工、团队及组织向顾客学习。反之，在顾客的认知信任较低的情境下，由于顾客不太信任知识密集型服务业的员工、团队或组织的能力或水平，因而顾客提供有关服务的信息促进知识密集型服务业组织学习的作用减弱。

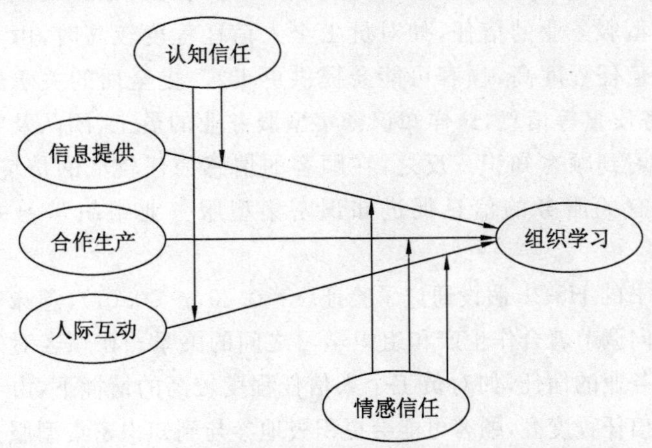

图 7-7 顾客信任对顾客参与和组织学习关系的调节效应模型

本书的 H5-2a 假设没有通过验证，即认知信任对合作生产与组织学习关系的调节效应没有通过检验。可能的原因是知识密集型服务业的员工、团队或组织与顾客的合作生产水平很高，无论顾客对知识密集型服务业的员工、团队或组织的认知信任程度如何，双方的合作生产都能够让知识密集型服务业员工、团队或组织很好地学习到顾客知识。这与图 7-2 反映的是一致的。从图 7-2 可以看到，合作生产与组织学习的标准化路径系数达 0.256，是顾客参与与组织学习标准化路径系数中最高的。

本书提出的 H5-3a 假设通过了验证（$r=0.28$，$p<0.01$），说明顾客对知识密集型服务业员工、团队或组织的认知信任程度越高，人际互动对组织学习的正向效应越显著。在顾客对知识密集型服务业的员工、团队或组织的能力、水平信任程度较高的情境下，顾客与知识密集型服务业员工的正式与非正式的人际沟通、交流越会促进知识密集型服务业员工学习顾客知识，知识密集型服务业员工也越容易学到顾客知识。反之，在认知信任程度较低时，双方的人际互动不太会促进知识密集型服务业员工的组织学习。

本书的 H5-1b 假设通过了验证（$r=0.48$，$p<0.001$），意味着情感信任正向调节着信息提供与组织学习之间的关系。当顾客对知识密集型服务业的信任，如对员工个人信任程度较高时，由于对员工个人信任程度高，顾客可能会提供更丰富、更全面的关于服务需求、服务质量等信息，这样知识密集型服务业的员工、团队及组织更容易学习到顾客知识。反之，在顾客的情感信任较低的情境下，顾客提供有关服务的信息促进知识密集型服务业组织学习的作用减弱。

本书的 H5-2b 假设通过了验证（$r=0.26$，$p<0.01$），意味着情感信任正向调节着合作生产和组织学习之间的关系。在顾客对知识密集型服务业的信任，如对员工个人信任程度较高的情境下，由于对员工个人信任程度高，顾客可能会更积极地参与到知识密集型服务过程中，这样知识密集型服务业的员工、团队及组织更容易从顾客身上学

习到顾客知识。反之，在顾客的情感信任较低的情境下，顾客参与服务过程促进知识密集型服务业组织学习的作用减弱。

本书的 H5-2b 假设通过了验证（$r=0.21$，$p<0.05$），意味着情感信任正向调节着人际互动和组织学习之间的关系。在顾客对知识密集型服务业的信任，如对员工个人信任程度较高的情境下，由于对员工个人信任程度高，顾客与知识密集型服务业员工的正式的与非正式的人际沟通、交流使得知识密集型服务业员工学到顾客知识更丰富、更容易。反之，在情感信任程度较低时，双方的人际互动不太会促进知识密集型服务业员工的组织学习。

7.4.5 顾客信任在顾客参与和知识共享之间发挥着积极的调节作用

根据研究假设的验证结果，顾客信任对顾客参与和知识共享关系的调节作用模型如图 7-8 所示。可以看出，认知信任对信息提供和知识共享以及合作生产和知识共享具有显著的调节作用；情感信任对信息提供和知识共享、合作生产和知识共享具有显著的调节作用。

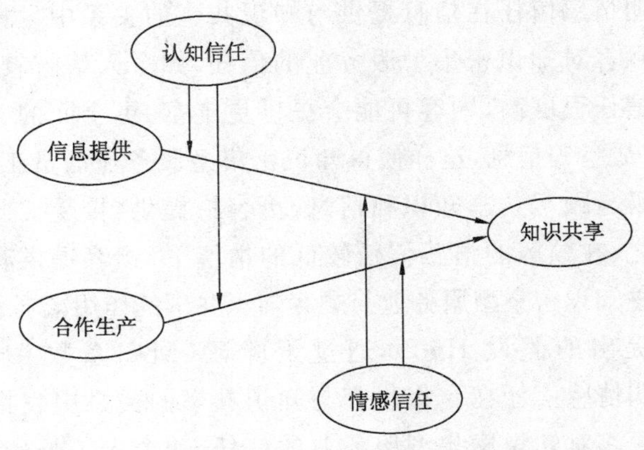

图 7-8　顾客信任对顾客参与和知识共享关系的调节效应模型

由表 7-6 回归结果可知，本书提出的假设 H6-1a 通过了验证（回归系数 0.45，$p<0.001$），说明认知信任在信息提供与知识共享

的关系中发挥着调节效应。具体来说，当顾客的认知信任较高时，顾客提供有关服务需求、服务质量等信息更有利于知识密集型服务业的员工、团队及组织与顾客共享知识。反之，顾客提供有关服务的信息促进知识密集型服务业知识共享的作用减弱。

本书提出的假设 H6-2a 通过了验证（回归系数 0.38，$p<0.001$），说明认知信任在合作生产与知识共享的关系中发挥着调节效应。具体来说，在顾客对知识密集型服务业的信任，如对知识密集型服务业员工的能力信任程度较高的情境下，由于对员工的信任程度高，顾客可能会更积极地参与到知识密集型服务过程中，这样知识密集型服务业的员工、团队及组织更容易与顾客共享知识与信息。反之，在顾客的认知信任较低的情境下，顾客参与服务过程促进知识密集型服务业与顾客之间知识共享的作用减弱。

由于“人际互动—知识共享”之间的标准化路径系数未通过检验，如表 7-3 所示，因此本书提出的假设 H6-3a 未通过验证，同理假设 H6-3b 未通过验证。

本书提出的假设 H6-1b 通过了验证（回归系数 0.24，$p<0.01$），说明情感信任在信息提供与知识共享的关系中发挥着调节效应。当顾客对知识密集型服务业的信任，如个人信誉较高时，由于对员工信任程度高，顾客可能会提供更丰富、更全面的关于服务需求、服务质量等信息，这样使得知识密集型服务业的员工、团队及组织更容易与顾客共享知识和信息，更容易提供、接受彼此之间的知识。反之，在顾客的情感信任较低的情境下，顾客提供有关服务的信息促进知识密集型服务业与顾客知识共享的作用减弱。

本书提出的假设 H6-2b 通过了验证（回归系数 0.19，$p<0.05$），说明情感信任在合作生产与知识共享的关系中发挥着调节效应。当顾客对知识密集型服务业的信任，如个人信誉较高时，由于对员工信任程度高，顾客可能会以更多的智力、体力等投入到与知识密集型服务业的生产中，这样使得顾客与知识密集型服务业的员工、团队及组织更容易实现双方的知识共享。反之，在顾客的情

感信任较低的情境下，顾客提供有关服务的信息不易促进知识密集型服务业与顾客之间知识共享，其作用减弱。

7.5　本章小结

根据本书的研究框架和前文已做的工作，本章设定了初始模型，并对模型进行了检验及修正，特别进行了组织学习中介效应检验和顾客信任的调节效应检验，并在对模型的内在结构和整体拟合进行评价的基础上通过参数估计来验证已经提出的假设。

第8章 研究结论与展望

本章对全书的研究进行归纳总结，概括本研究得到的主要结论，分析研究的不足之处，为未来研究指明方向。

8.1 主要研究结论

本书以知识密集型服务业为研究对象，围绕顾客参与如何提升知识密集型服务业的创新绩效这一基本研究命题，综合运用服务创新理论、合作创新理论、知识管理理论和组织学习理论等相关理论和知识，采用理论文献分析与调研访谈相结合、规范研究与实证研究相结合、定性研究与定量研究有机结合的方法，逐层深入展开论述，系统探讨了知识密集型服务业创新的本质特征，分析了顾客参与知识密集型服务业的内涵与维度，研究了顾客信任在顾客参与和组织学习、顾客参与和知识共享中发挥的调节作用，揭示了顾客参与对知识密集型服务业创新的影响机理及其中介机制。通过全书的论证分析，形成了以下主要结论：

第一，通过对基于服务特性的服务业创新、知识密集型服务业创新及其绩效的分析，本书界定了顾客参与服务创新的概念及维度，明晰了知识密集型服务业创新绩效的内涵，指出顾客对于知识密集型服务业创新必不可少。

服务业的无形性、易逝性和异质性使得服务业的创新与制造业的创新有质的不同，其无形性、易逝性和异质性衍生出服务业创新的非真实文本性、市场导向性及渐进性。越来越多的研究表明，服务创新带来的绩效不只是财务方面的，还包括诸如改善企业形象、开拓新市场或实现多元化等方面的利益。所谓顾客参与服务创新是指在充分与顾客沟通交流并了解顾客的潜在需求的基础上，整合、利用顾客的资源，与顾客合作，实现创新以及提升服务创新绩效的目的。在借鉴已有研究成果的基础上，结合知识密集型服务创新特征，本书将顾客参与知识密集型服务业创新分成三个维度：信息提供、合作生产以及人际互动。

知识密集型服务业是服务业的先锋代表。它提供的是以知识为基础的服务，它的创新体现了开放性、高度的顾客导向性及非线性特征。顾客高水平参与知识密集型服务业的服务过程，且顾客的参与极大地影响着知识密集型服务业的服务结果，而知识密集型服务业创新又具有高度的顾客导向性，因此顾客参与必定会影响知识密集型服务业的创新。知识密集型服务业创新绩效不仅要考虑一般的服务创新绩效，更重要的是要体现知识密集型服务是创新的源泉、创新的推动者与创新的载体，其创新具有开放性、网络性和高度顾客导向性等特征。因此，本书将知识密集型服务的创新绩效分成两个维度：顾客绩效和市场绩效。顾客绩效是侧重于考察顾客满意度，如缩短为顾客服务时间、提高顾客需求反应的灵活度等；市场绩效侧重于体现知识密集型服务创新创造的市场价值，包括市场占有率、竞争力和企业形象等。

第二，组织学习是顾客参与影响知识共享，从而影响知识密集型服务业创新绩效的中介，组织学习起到中介作用，部分或全部地解释了顾客参与对创新的影响作用。

通过对已有研究的总结，结合对组织学习概念的理解，本研究认为知识密集型服务业的组织学习是知识密集型服务业的员工及其组织为了获得顾客知识而进行的学习，包括获取顾客知识、转移顾客知识、整合顾客知识以及创造新知识。需要强调的是，本研究中的知识密集型服务业的组织学习仅指知识密集型服务业的员工及其组织向顾客学习顾客知识的过程。本书认为知识共享既是知识密集型服务业内部的员工及其组织的知识共享，又是知识密集型服务业的员工及其组织与顾客之间知识互动的过程，即是两者相互间传递知识、共享知识的过程。

知识密集型服务业的职能是帮助顾客诊断问题、提供信息、为顾客提供问题的解决方案、提供建议以及帮助顾客进行日常事务管理，其核心是存在于服务的提供者与顾客之间的知识流，即知识的获取、转移、扩散、整合和共享。因此本书提出组织学习是顾客参与影响知识密集型服务业创新绩效的中介，而知识共享能够通过促进知识在顾客与知识密集型服务业之间扩散、转移，加速知识在两者之间的整合过程，进而促进服务创新绩效。

由于信息提供不但可以通过组织学习对知识共享产生间接影响，而且还可以直接促进知识共享，因此组织学习在信息提供和知识共享之间起到了部分中介作用。组织学习在合作生产和知识共享之间同样起到了部分中介作用，因为合作生产不但可以通过组织学习对知识共享产生间接影响，而且还可以直接促进知识共享。人际互动需通过组织学习才能对知识共享产生间接影响，组织学习起到的是完全中介作用。总之，信息提供、合作生产对知识共享均有直接影响，同时两者也可以通过组织学习影响知识共享。人际互动无法促进知识密集型服务业与顾客之间的知识共享。人际互动必须通过组织学习才能对知识共享产生积极影响。组织学习是知识共享、服务创新绩效的前因变量。

第三，顾客参与对知识密集型服务业创新绩效有着积极影响。

本书构建了顾客参与、顾客信任、组织学习、知识共享以及服务创新绩效之间的结构方程模型。通过深入的调研和 397 份有关知识密集型服务业创新的调研问卷，表明知识密集型服务业与顾客间蕴含着一种“共生关系”，顾客参与为知识密集型服务业提供了接近与利用对方资源的桥梁机制，增强了知识密集型服务业的员工、团队和组织与顾客进行资源互补和能力重构的机遇，从而促进了服务创新绩效的改善。顾客参与的信息提供、合作生产以及人际互动三个维度均有助于改善服务创新绩效。具体来说，信息提供是顾客为知识密集型服务业提供需求、偏好及其他信息的过程。知识密集型服务业不可避免地依赖顾客的信息和资源。合作生产反映了顾客在服务生产过程中付出的智力投入、实体投入和情感投入。指顾客与知识密集型服务业员工之间的沟通与交流等良好的互动关系。良好的人际互动是市场运行顺利、经济效益显著的重要前提条件，人际互动有助于顾客得到价格上优惠的服务或更好的服务，提升双方沟通与协作的效率，从而促进服务创新。

第四，顾客信任在顾客参与和组织学习、顾客参与和知识共享中发挥着重要的调节作用。

顾客参与知识密集型服务业创新的效果还取决于关键的情境因素，服务创新中必须面对关键的情境调整双方的合作来提升服务创新绩效。为此，本研究引入顾客参与这一调节变量来考察顾客参与知识密集型服务业创新活动对组织学习和知识共享的权变效应。实证研究结果表明，顾客信任确实能够促进顾客参与对组织学习、顾客参与对知识共享作用的发挥。具体来说，认知信任的程度越高，信息提供和人际互动对组织学习的正向效应越明显，信息提供和合作生产对知识共享的正向效应越显著；情感信任的程度越高，信息提供、合作生产和人际互动对组织学习的正向效应越显著，信息提供和合作生产对知识共享的正向效应越明显。

8.2 理论贡献及实践启示

8.2.1 理论贡献

第一，本书提出了顾客参与对知识密集型服务业创新绩效影响的理论框架，补充、完善了现有的顾客参与知识密集型服务业创新的中介机制研究。

本书将组织学习、知识共享同时纳入到顾客参与知识密集型服务业创新的模型中，构建了顾客参与、组织学习、知识共享及知识密集型服务业创新绩效的结构方程模型，揭示了顾客参与通过组织学习中介作用于知识共享，进而影响知识密集型服务业创新绩效的路径及作用机制，这是对现有的顾客参与知识密集型服务业创新的中介机制研究的拓展。

第二，提出组织学习是顾客参与和知识共享之间的中介变量，并细分组织学习的中介作用，指出组织学习在顾客参与与知识共享之间发挥着程度不同的中介作用。

已有的研究主要揭示知识转移、知识共享在顾客参与服务创新与绩效之间的中介机制，没有意识到组织学习在顾客参与和知识共享之间的中介机制，忽视了组织学习的重要作用。本书揭示了组织学习是顾客参与和知识共享之间的中介机制，并细分组织学习的中介作用，即组织学习在信息提供/合作生产与知识共享之间起着部分中介的作用，而在信任/人际互动与知识共享之间起着完全中介的作用。

第三，本书提出了专门针对顾客参与知识密集型服务业创新活动的维度及知识密集型服务业创新绩效的维度，这是对现有研究成果的补充。

已有的研究在分析顾客参与维度时，对顾客参与普通服务业和顾客参与知识密集型服务业的维度未以区分。本书认为顾客知识对于知识密集型服务业的创新是必不可少的，而顾客知识有很大一部分是隐性的知识，具有特定的组织专属性、难以交易性及难以模仿的特性，使得顾客知识既难以通过语言来表达，也难以通过观察来获取。因此，本研究将信任纳入顾客参与的维度，这在已有的研究中是很少见的。同样，已有的关于知识密集型服务业创新绩效的研究虽强调从服务的层面考察绩效，如顾客满意度，但他们将知识密集型服务业的创新绩效与一般服务业的创新绩效混为一谈，专门针对知识密集型服务业创新绩效的探讨不多见。本研究将知识密集型服务业创新绩效划分为市场绩效与顾客绩效两个维度，并开发相应的量表，证实了量表的可靠性和有效性。

第四，引入了顾客信任这一调节变量丰富了对顾客参与知识密集型服务业创新活动情境的理解。

信任是长期关系的基础，是关系承诺的关键要素。顾客信任是关系营销理论的核心。基于此，本书在聚焦顾客参与知识密集型服务业创新活动的同时，基于权变视角探讨了顾客信任在顾客参与知识密集型服务业创新活动和组织学习，以及顾客参与知识密集型服务业创新活动和知识共享之间的调节效应。结果表明，认知信任的程度越高，信息提供和人际互动对组织学习的正向效应越明显，信息提供和合作生产对知识共享的正向效应越显著；情感信任的程度越高，信息提供、合作生产和人际互动对组织学习的正向效应越显著，信息提供和合作生产对知识共享的正向效应越明显。这一研究结论深化了对顾客参与知识密集型服务业创新活动情境的理解，对于服务创新实践中根据创新情景特征构建相应的顾客参与具有一定参考价值。

8.2.2 实践启示

顾客高水平地参与知识密集型服务业的服务过程，且顾客的参与极大地影响着知识密集型服务业的服务结果，而知识密集型服务业创新又具有高度的顾客导向性，因此顾客参与必定会影响知识密集型服务业的创新。本研究对于那些试图引导顾客参与创新活动的知识密集型服务企业具有可借鉴意义：

第一，鼓励顾客积极参与知识密集型服务业创新。

在顾客角色发生变化和顾客需求复杂性和多变性的今天，知识密集型服务企业应把顾客视为自己的财富并加以培养和保留，创造有利于顾客参与的环境，积极鼓励顾客参与到知识密集型服务生产和传递过程中，获得有关顾客的知识，提供卓越服务，让竞争对手无可乘之机。具体可采取以下几点措施：

① 在管理程序上做到有利于顾客的参与。为支持服务创新，必须使营销与支持设施相互协调，如提供顾客参与所需要的技术设备支持、知识密集型服务企业完善自身的服务细节等。② 积极开展顾

客教育活动。顾客教育活动有助于建立顾客的好感、信任和忠诚。如开展"顾客入门推广计划"拉近与顾客的距离,增进顾客对服务提供者的好感。③ 对顾客的参与给予及时的回报。如实行会员制,一旦入会取得会员资格,服务价格给予一定的折扣,这对于部分顾客有较大的吸引力。这样做的目的是套牢顾客,使得顾客在较长的时间内成为企业的稳定顾客。④ 提高顾客的归属感。如果说对顾客的参与给予一定的回报是物质激励,那么让顾客有归属感就是精神激励。甚至于让顾客通过认购企业股票的形式成为企业的股东。在这样的情况下,顾客不仅是被服务者,更是企业的主人,他们与企业唇齿相依,更有动力与义务为企业出谋划策,帮助企业搞好经营。

第二,所有知识密集型服务业均须打造成学习型组织。

研究表明,组织学习过程是知识密集型服务业创新活动必不可少的阶段。为了提高服务创新绩效,知识密集型服务业应当努力建设学习型组织,重视学习能力的培养,并把组织学习上升到战略层次,用长远的眼光进行规划、实施与控制。早在 2001 年之前,惠普中国就在员工中普及"员工读书小组"的作法,倡导大家学习与交流知识。同时他们还在公司内部推广知识分享报告会,让员工能够站出来,传授自己的专长和经验。建立组织学习机制需从几方面入手:

① 培育组织的学习型文化,营造组织学习的良好氛围,将组织学习提升到战略的高度。② 特别重视愿景的分享。Vermeulen 指出成功的项目在项目开始前先达成共识,拥有共同的认同。组织制度学派研究的访谈引文中有这样一段话"我们最大的强项就是大家共同分享着一样的期望。我们知道要去哪里以及为什么要去那里。从 CEO 到管理部门的人员,我们明白彼此的预期。只要没人偏离这条道路,就没有问题"。《第五项修炼》中提到"没有共同愿景就没有'学习型组织'",共同愿景是指示灯、是航标、是方向。可见,共同的目标是引领组织前进的保障。③ 让知识密集型服务业的组织及其员工认识到事事留心皆学问。谈到员工学习能力的提升,总会提

到给予员工足够的培训，似乎只有培训才是学习。事实上，日常事件、重大危机都是员工学习的机会。不仅如此，过去的经验教训能够帮助改善现在的结果，过去的事件和现在的事件联系起来也能指导现在的事务，所谓"知史明鉴"。

第三，畅通知识共享机制。

本研究表明知识共享对知识密集型服务创新绩效具有显著的提升作用，对提升组织的服务创新绩效至关重要。本书中的知识共享是指知识密集型服务业组织内部员工之间，以及知识密集型服务业员工与顾客之间的知识共享，因此本书提出如下建议：

① 成立跨部门的团队来促进知识密集型服务业员工对有关顾客知识的流通分享，通过分析顾客过去和当前的购买信息来对顾客的需求作详细的理解，激励员工，特别是直接与顾客接触的一线员工分享关于顾客的知识。② 知识密集型服务企业搭建界面友好、规则统一的沟通平台，建立各部门之间顾客知识集体共享和深度交流的机制与制度，如目前国内外兴起的 Web2.0 技术、"云计算"。③ 知识密集型服务企业要形成组织内部员工与员工之间、员工与顾客之间相互信任的氛围。④ 知识密集型服务企业应尽量以团队为单位考核工作。常见的末位淘汰制、排队法等考核方法虽然可能有助于提升普通服务业的组织绩效，但十分不利于创新，不利于知识密集型服务企业组织内部、外部的知识共享。通过团队考核可以减少"搭便车"现象，更重要的是能提高团队的凝聚力，增强团队成员之间的信任，进而可以对员工的知识共享行为产生积极影响。

8.3 研究的局限性与未来研究展望

8.3.1 研究的局限性

本书的研究虽然得到了一些对管理理论较为重要的结论，对管理实践有一定启示，但存在一些局限性，表现在如下方面：

第一，本书的研究在探讨顾客参与对知识密集型服务业创新绩效影响的过程中，一是未考虑顾客参与服务创新的不同阶段对其创新绩效的影响。不同的创新阶段，知识密集型服务业需要的知识、信息和资源是不一样的，对顾客参与的程度也有不同的要求。二是未考虑不同类型的顾客对服务创新绩效的影响，如有领先型的顾客，有被动型的顾客，不同类型的顾客参与服务创新对服务创新的绩效影响可能会不一样。

第二，本研究的量表参考的是国外成熟的量表或设计思想来源于国外的文献，未考虑中国顾客参与行为、服务创新活动的独特性，因此缺乏中国情境下对顾客参与知识密集型服务业创新量表的思考，这可能是导致模型拟合效果未达到最优的原因。

第三，本书的研究对象是知识密集型服务业，根据魏江的研究，结合我国国民经济行业分类(GB/T 4754—2002)和国际标准产业分类(ISJC/Rev. 3)，知识密集型服务业包括金融服务业、信息与通讯服务业、科技服务业以及商业服务业 4 大类，涉及 14 个子类，而不同类型的知识密集型服务业创新模式、创新轨迹可能不一样。因此，笼统地探求多数行业、所有规模企业创新绩效的普遍规律可能不利于有针对性地分析问题、解决问题。

8.3.2 未来研究展望

基于本书研究存在的不足，今后可以从以下几个方面深入：

第一，可探讨顾客参与对不同类型的服务企业创新以及对创新绩效的影响机理。不同类型服务企业有其固有的特征，进而绩效评价标准并不一致。顾客参与不同类型服务企业创新的机理、路径以及其创新绩效可能是大相径庭的。就创新绩效而言，不同类型的知识密集型服务业关注的服务创新绩效是存在差异的，有特别关注顾客满意度的，有关注新服务的质量和成本的，也有重视新服务对顾客需求的响应速度的，因而开展这方面的研究有助于分类指导不同类型的服务企业的创新活动。

第二,利用大数据进行服务创新研究。大数据带来的信息风暴正变革我们的生活、工作与思维。百度利用基于地理位置的服务(LBS)大数据,全程、动态、即时、直观地展现了中国春节前后人口大迁徙的轨迹与特征。支付宝的大数据资源揭示了余额宝的4 000多万用户的省份、年龄等特征。知识密集型服务业,如金融业,完全可以进一步利用海量的数据资源、快速的数据流转、动态的数据体系以及多样的数据类型掌握顾客个人信息、顾客的选择偏好以及消费规律,并预测交易时间、交易规模,规避服务创新过程风险。目前对于大数据的应用尚处于初级阶段:① 对大数据深入挖掘,深入研究数据的采集、存储、处理和分析的技术与方法,从而准确刻画顾客的需求,为顾客提供差异化服务。② 避免数据伦理问题,保护顾客隐私。数据的采集和挖掘一般是在顾客毫不知情的情况下进行的,且挖掘出的有关用户行为偏好和习惯等信息用于商业目的,因此要防止针对个体侵犯隐私的行为,防止数据被滥用。

第三,细化顾客群体,对参与服务创新的顾客类型进行区分。顾客在大多数情况下是服务创新过程的参与者,在服务创新中扮演着重要角色。服务提供者接触的是形形色色的顾客,不同顾客的个性、能力、知识以及对服务创新的态度、反应、预期不尽相同。因此,未来的研究侧重点可放在顾客上,对服务创新中顾客类型的了解能使服务创新中对顾客的管理更有针对性。

第四,进行中国较大区域的服务创新调查,建立持续的、较大规模的服务创新数据库。目前我国缺乏持续的、大样本的数据库,国内学者进行顾客参与服务创新实证研究的主要数据来源于问卷调查,如本研究的调查以同学、校友及与学校有关的人群展开,并不能完全覆盖文中提及的4大类14个子类58个行业,数据库的缺乏制约了我国服务创新研究的进一步开展。欧洲国家对服务创新的调查始于20世纪90年代,如欧共体创新调查(CIS)、德国服务创新调查、意大利服务创新调查、欧洲委员会资助的SI4S服务创新调查以及瑞士服务创新调查等,我们可借鉴欧洲国家进行国家或国际层面问卷调查的做法取得一手数据。

第五，鉴于数据的易得性，本书仅仅调查了知识密集型服务业的从业人员，如“顾客绩效”量表仅由从业人员的角度来反映顾客对知识密集型服务业创新绩效，一是具有一定的主观性，二是不全面。未来的研究可增加专门由“顾客”填写的量表，更全面、客观地反映顾客对知识密集型服务业创新绩效的真实感受。

附录

1. 顾客参与影响服务创新绩效研究调查问卷

尊敬的先生/女士:您好!

非常感谢您在百忙之中抽出时间填写这份问卷。我们课题组正在进行顾客参与影响服务创新绩效的研究工作,希望能得到您的帮助。您的意见和答案是本研究非常重要的依据。对问卷中的问题,每个人都可以有自己的看法,您的选择没有对错之分,敬请您根据实际情况表达真实的想法。

该项调查采用匿名方式,研究结果用于纯学术研究,不会向您的单位反馈,请不要有任何顾虑。衷心感谢您的支持与厚爱!祝您及家人身体安康,万事如意!

江苏大学顾客参与影响服务创新绩效研究课题组

2013 年 5 月

重要概念

服务创新指发生在服务业中的创新行为。例如,全新服务的开发、新过程的引入、新组织要素的引入、原有市场的细分、新市场的开发、由技术引发的创新、新的或改进的服务传递过程和方法、不同服务要素的组合或分解引发的创新、针对特定顾客问题的解决办法以及服务要素标准化程度的变化等。

几个服务创新的例子:银行的 1 米线、知识产权质押贷款、精英卡(信用卡)、专利保险和定制专利。

第一部分:背景资料(回答无对错之分,请根据您实际情况在合适的选项前打"√"或直接填空)

1. 贵企业名称______________________

2. 性别

□男　□女

3. 年龄

□18～30 岁　□31～40 岁　□41～50 岁　□51 岁及以上

4. 文化程度

□大专及以下　□大学本科　□硕士　□博士

5. 专业

□理工类　□经管类　□人文类　□医学类

□其他

6. 工作岗位

□管理类　□技术类　□营销类　□其他

7. 贵企业的成立年限

□1～3 年　□3～5 年　□5 年以上

8. 贵企业所有制类型

□国有　□民营　□私营　□外商独资

□中外合资

9. 贵企业近三年的平均员工数量

□100 人以下　□100～500 人

□500～1 000 人　□1 000～2 000 人

□2 000 人以上

10. 贵企业近三年的资产规模

□1 000 万元以下　□1 000～5 000 万元

□5 000～1 亿元　□1～2 亿元

□2 亿元以上

11. 贵企业所属行业

□金融服务业(包括银行业、证券业、保险业和其他金融活动等)

□信息与通讯服务业（包括电信及其他信息传输服务业、计算机服务业、软件业等）

□科技服务业（包括研究与试验发展、专业技术服务业、工程技术与规划管理、科技交流和推广服务业等）

□商务服务业（包括法律服务、咨询与调查和其他商务服务等）

□其他

第二部分：顾客参与（1 代表完全不同意，2 表示不太同意，3 表示不确定，4 表示同意，5 表示完全同意。回答无对错之分，请根据您的实际情况在合适的数字上打“√”）

序号	题项	选项				
1	顾客积极地把自己拥有的相关信息传递给我们	1	2	3	4	5
2	我们能随时知晓顾客的情况与信息	1	2	3	4	5
3	顾客为我们提供有关其需求和偏好的信息	1	2	3	4	5
4	顾客的努力对服务创新活动起到了非常重要的作用	1	2	3	4	5
5	服务创新的顺利实现，需要我们与顾客相互请教与支持	1	2	3	4	5
6	顾客能够自己设计初步的问题解决方案或制定方案思路	1	2	3	4	5
7	顾客的知识及技能对服务创新十分重要	1	2	3	4	5
8	我们不能独立于顾客独自实现服务创新	1	2	3	4	5
9	我们与顾客有着十分密切的关系	1	2	3	4	5
10	我们很受顾客欢迎	1	2	3	4	5
11	我们与顾客会有一些工作以外的聚会活动	1	2	3	4	5
12	有时我们甚至与某些顾客交流他们的私人问题	1	2	3	4	5
13	我们与顾客的沟通轻松愉快	1	2	3	4	5
14	为加强我们与顾客之间的交流，我们会组织一些与业务有关的非正式活动	1	2	3	4	5

续表

序号	题项	选项				
15	顾客向我们咨询专业问题时完全没有顾虑	1	2	3	4	5
16	我们相信顾客会站在我们的立场上考虑问题	1	2	3	4	5
17	我们和顾客之间相互信任,毫不隐瞒	1	2	3	4	5

第三部分:顾客信任(回答无对错之分,请根据您实际情况在合适的数字上打“√”)

序号	题项	选项				
1	顾客认为我们的服务水平在不断提高	1	2	3	4	5
2	顾客认为我们的服务(产品)种类丰富,能够满足他们的需求	1	2	3	4	5
3	顾客认为我们的服务整体上很好	1	2	3	4	5
4	顾客认为我们企业的广告宣传是可信的	1	2	3	4	5
5	顾客不担心我们企业提供的服务会有什么问题	1	2	3	4	5
6	顾客相信我们企业具有足够履行合同的能力	1	2	3	4	5
7	顾客很相信我们提供的信息	1	2	3	4	5
8	我们企业的信誉得到顾客的认可	1	2	3	4	5
9	顾客认为如果在服务提供过程中发生什么问题,我们企业会很好地解决	1	2	3	4	5
10	无论顾客什么时候需要帮助,顾客都会来请我帮忙	1	2	3	4	5
11	顾客觉得我是一个值得信赖的人	1	2	3	4	5
12	顾客相信我们会站在他们的立场考虑问题	1	2	3	4	5

第四部分：知识共享（回答无对错之分，请根据您实际情况在合适的数字上打"√"）

序号	题项	选项				
1	我们与顾客之间信息交换频繁，而非局限于既定的协议	1	2	3	4	5
2	我们与顾客之间相互提醒潜在的问题、变化及风险	1	2	3	4	5
3	我们与顾客之间尽可能地提供对方所需要的信息	1	2	3	4	5
4	我们会与顾客就事情的进展情况交换意见	1	2	3	4	5

第五部分：组织学习（回答无对错之分，请根据您实际情况在合适的数字上打"√"）

序号	题项	选项				
1	我常常向顾客学习	1	2	3	4	5
2	幸好我从顾客身上学习了知识，我能够更快地处理挑战	1	2	3	4	5
3	由于我从顾客身上吸收知识，因此我能够更快地解决问题	1	2	3	4	5
4	我从与顾客的接触中了解到顾客对服务的期望	1	2	3	4	5
5	我在与顾客的接触过程中完善了自己的知识	1	2	3	4	5
6	我认为与顾客交谈永远是学习的过程	1	2	3	4	5

第六部分：服务创新绩效（回答无对错之分，请根据您实际情况在合适的数字上打"√"）

序号	题项	选项				
1	服务创新降低了服务成本	1	2	3	4	5
2	经常性的服务创新活动提高了我们企业的市场占有率	1	2	3	4	5
3	服务创新提高了企业的竞争力	1	2	3	4	5

续表

序号	题项	选项				
4	服务创新增强了企业对顾客需求反应的灵活性	1	2	3	4	5
5	服务创新形成了与竞争者差异化的服务	1	2	3	4	5
6	我们企业通过经常性的创新活动树立了“创新型企业”形象	1	2	3	4	5
7	服务创新简化了流程,提高了效率	1	2	3	4	5
8	服务创新降低了服务成本	1	2	3	4	5
9	经常性的服务创新活动提高了我们企业的市场占有率	1	2	3	4	5

2. 主要被调查企业名录

企业名称	所在省份
苏州萃智新技术有限公司	江苏
南京九致信息科技有限公司	江苏
上海仁略咨询服务公司	上海
国家专利战略推进与服务(泰州)中心	江苏
无锡互维知识产权代理有限公司	江苏
中国光大银行常州支行	江苏
中国光大银行北京分行营业部	北京
中国光大银行北京西城支行	北京
深圳泛中市场资讯公司	广东
北京求是联合管理咨询有限公司	北京
中国移动通信集团江苏有限公司镇江分公司	江苏
上海微创软件股份有限公司	上海
深圳睿森软件公司	广东
深圳市深信通软件有限公司	广东
珠海新华通软件有限公司	广东
中国电信集团公司镇江分公司	江苏
中信证券股份有限公司镇江电力路证券营业部	江苏
中国农业银行股份有限公司北京分行新外支行	北京
中国农业银行股份有限公司北京分行复兴门支行	北京

续表

企业名称	所在省份
万福科技有限公司	北京
南京纵横知识产权代理有限公司扬州分公司	江苏
常州纵横知识产权咨询服务有限公司	江苏
南京纵横知识产权代理有限公司无锡办事处	江苏
江苏省专利信息服务中心	江苏
镇江风华信息科技有限公司	江苏
江苏诚和律师事务所	江苏
上海市毅石律师事务所	上海
中国农业银行股份有限公司镇江分行桃花坞支行	江苏
江苏如皋农村商业银行股份有限公司开发区支行	江苏
中国银行深圳滨河支行	广东
中国农业银行股份有限公司镇江分行丹徒新区支行	江苏
江苏如皋农村商业银行股份有限公司大明支行	江苏
南京纵横知识产权代理有限公司苏州创智分公司	江苏
上海市毅石律师事务所苏州分所	上海
江苏如皋农村商业银行股份有限公司高井支行	江苏
江苏如皋农村商业银行股份有限公司黄市支行	江苏
镇江恒博金融有限公司	江苏
江苏金钛软件有限公司	江苏
镇江新创计算机系统集成有限公司	江苏
镇江润欣科技信息有限公司	江苏
中国农业银行股份有限公司扬州分行	江苏
北京一格知识产权代理事务所南通分所	江苏
中国农业银行股份有限公司扬州分行跃进支行	江苏

续表

企业名称	所在省份
中国银行深圳嘉和支行	广东
中国农业银行股份有限公司镇江分行江苏大学支行	江苏
江苏如皋农村商业银行股份有限公司江安支行	江苏
中国农业银行股份有限公司北京分行中关村支行	北京
华泰证券股份有限公司徐州中山南路营业部	江苏
安信证券股份有限公司镇江中山东路证券营业部	江苏
江苏禾正科亿知识产权代理有限公司	江苏
江苏禾正律师事务所	江苏
深圳盛世中易联科技有限公司	广东
中国银行深圳市分行	广东
中国平安人寿保险股份有限公司苏州分公司	江苏
江苏如皋农村商业银行股份有限公司夏堡支行	江苏
中国银行深圳东门支行	广东
上海市毅石律师事务所北京分所	北京
中国农业银行股份有限公司苏州分行直塘支行	江苏
华夏银行徐州分行	江苏
华夏银行镇江分行	江苏
华夏银行丹阳支行	江苏
江苏禾正企业管理有限公司	江苏
江苏汇智普众信息技术有限公司	江苏
中国农业银行股份有限公司苏州分行港区支行	江苏
中国银行深圳彩虹支行	广东
北京一格知识产权代理事务所如皋分所	江苏
广州三环专利代理有限公司苏州分公司	江苏

续表

企业名称	所在省份
江苏科行环保技术有限公司	江苏
江阴大田知识产权代理事务所	江苏
中国电子科技集团公司第十四研究所	江苏
江苏佰腾专利运营中心有限公司	江苏
江苏省知识产权服务中心	江苏
南京苏科专利代理有限责任公司扬州分公司	江苏
江苏银创律师事务所	江苏
江苏大学专利培育与运营中心	江苏
镇江京港科技信息咨询有限公司	江苏
北京正略钧策管理咨询公司	北京
南京市科技信息研究所	江苏
广州市畅运信息科技有限公司	广东
江海专利事务所	江苏
华诚律师事务所	北京
北京大成律师事务所	北京
上海市毅石律师事务所无锡分所	上海

参考文献

[1] 杨广，李美云，李江帆:《基于不同视角的服务创新研究述评》，《外国经济与管理》,2009 年第 7 期。

[2] 邓华，曾国屏:《OECD 创新测度的理论与实践——基于三版〈奥斯陆手册〉的比较研究》,《科学管理研究》,2011 第 4 期。

[3] Normann R. Service Management. *Strategy and Leadship in Service Business*, 1991.

[4] 张宇，蔺雷，吴贵生:《企业服务创新类型探析》,《科技管理研究》,2005 年第 9 期。

[5] 柳卸林:《对服务创新研究的一些评论》,《科学学研究》,2005 年第 6 期。

[6] Meyers P W. Innovation Shift: Lessons for Service Firms from a Technological Leader. American Marketing Association, 1984.

[7] 许庆瑞，吕飞:《服务创新初探》,《科学学与科学技术管理》,2003 年第 3 期。

[8] Miles I, Kastrinos N & Bilderbeek R. Knowledge-intensive Business Services: Their Role as Users. Carriers and Sources of Innovation, 1995.

[9] Gallou F & Weinstein O. Innovation in Services. *Research Policy*, 1997, 26.

[10] Sundbo J & Gallouj F. Innovation in Services. SI4S Project synthesis Workpackage, 1998.

[11] Bilderbeek R, Hertog D & Marklund G. Service Innovation: Knowledge Intensive Business Service as Co-producers of Innovation. SI4S Project synthesis Workpackage, 1998.

[12] Ojanen V, Salmi P & Torkkeli M. Innovation Patterns in KIBS Organizations: A Case Study of Finnish Technical Engineering Industry. Proceedings of The 40th Hawaii International Conference on System Sciences, 2007.

[13] 徐建敏，任荣明:《从成功案例看知识密集型服务业创新类型》,《北京理工大学学报》，2007 年第 5 期。

[14] Corrocher N, Cusmano L & Morrison A. Modes of Innovation in Knowledge-intensive Business Services Evidence From Lombardy. *Journal of Evolutionary Economics*, 2009 (19).

[15] Preissl B. *Barriers to Innovation in Services*. Manchester, 1998.

[16] Mohnent P & Roller L. Complementarities in innovation policy. *European Economic Review*, 2005 (6).

[17] Light G & Moch D. Innovation and Information Technology in Services. *Canadian Journal of Economics*, 1966, 32(2).

[18] Srivastava L & Mansell R. Electronic Cash and the Innovation process: A User Paradigm. University of Succex, 1998.

[19] Howells J & Tether B. Innovation in Services: Issues at Stake and Trends. In: The Studies on Innovation Matters Related to the Implementation of the Community' Innovation and SMEsProgramme' Brussels. University of Manchester, 2004.

[20] Howells J. Barriers to Innovation and Technology Transfer in Services: Firm Level and Policy Issues in a Global Context. *Tech Monitor*, 2003.

[21] Oke A. Barriers to Innovation Management in Service Companies. *Journal of Change Management*, 2004, 4(1).

[22] Evanglista R & Sirilli G. Innovation in the Service Sector-results from the Italian Statistical Survey. *Technological Forecasting and Social Change*, 1998 (58).

[23] Hertog D. Knowledge-intensive Business Services as Coproducers of Innovation. *International Journal of Innovation Management*, 2000, 4 (4).

[24] Howells J. The Nature of Innovation in Services. In: Innovation and Productivity in Services, OECD,2001.

[25] Vermeulen P A M. Managing Product Innovation in Financial Services Firms. *European Management Journal*, 2004, 22(1).

[26] 高强，蔺雷:《服务创新的障碍与保护》,《商业时代》,2006 年第 18 期。

[27] 杨广:《中国服务创新障碍分析》,《技术经济》,2009 年第 2 期。

[28] 徐建敏:《知识密集型服务业创新过程及关键性影响因素研究》,上海交通大学博士学位论文,2008 年。

[29] 张晶敏:《知识价值链对服务业创新的影响研究》,吉林大学博士学位论文,2010 年。

[30] 郭丕斌，王霞，周喜君:《旅游服务创新影响因素研究》,《技术经济》,2013 年第 1 期。

[31] 吕秉梅:《外商投资对我国零售业的冲击及其对策》,《商业经济与管理》,2000 年第 6 期。

[32] 李飞，陈浩，曹鸿星:《中国百货商店如何进行服务创新——基于北京当代商城的案例研究》,《管理世界》,2010 年第 2 期。

[33] 刘顺忠，景丽芳，荣丽敏:《知识型服务业创新政策研究》,《科学学研究》,2007 年第 4 期。

[34] 魏江，陶颜，翁羽飞:《中国知识密集型服务业的创新障碍——来自长三角地区 KIBS 企业的数据实证》,《科研管理》,2009 年第 1 期。

[35] 辛枫冬:《网络关系对知识型服务业服务创新能力的影响研究》,天津大学博士学位论文,2011 年。

[36] 郭丕斌，许慧，周喜君:《知识密集型服务业创新影响因素研究》,《技术经济》,2011 年第 12 期。

[37] 魏江，胡胜蓉:《知识密集型服务业创新范式》,科学出版社，2007 年。

[38] 程顺根:《WTO 与商业银行金融服务创新》,《经济界》,2003 年第 3 期。

[39] 陈劲:《知识密集型服务业创新的评价指标体系》,《学术月刊》,2008 年第 4 期。

[40] Cooper R G & Kleinschmidt E. New Products: What Separates Winners from Losers. *Journal of Product Innovation Management*, 1987, 4(3).

[41] De Brentani U. Success and Failure in New Industrial Services. *Journal of Product Innovation Management*, 1991 (6).

[42] Storey C & Kelly D. Measuring the Performance of New Service Development Activities. *Service Industries Journal*, 2001, 21(2).

[43] 申静，张梦雅:《服务创新评价研究的现状、特点与未来》,《情报科学》,2012 年第 2 期。

[44] 卢俊义，王永贵:《顾客参与服务创新与创新绩效的关系研究——基于顾客知识转移视角的理论综述与模型构建》,《管理学报》,2011 年第 8 期。

[45] 张若勇，刘新梅，张永胜:《顾客参与和服务创新关系研究:基

于服务过程中知识转移的视角》,《科学学与科学技术管理》,2007年第10期。

[46] 王家宝，陈继祥:《关系嵌入、学习能力与服务创新绩效》,《软科学》,2011年第1期。

[47] Hubbert A R. Customer Co-creation of Service Outcomes: Effects of Locus of Causality Attributions. Arizona State University, 1995.

[48] [美]瓦拉瑞尔·A.泽丝曼尔:《服务营销》,张金成,白长虹译,机械工业出版社,2002年。

[49] Claycomb C, Lengnick-Hall C & Inks L. The Customer as a Productive Resources: A Pilot Study and Strategic Implications. *Journal of buisness Strategies*, 2001, 18 (1).

[50] Ennew C T & Binks M R. Impact of Participative Service Relationships on Quality, Satisfaction and Retention: An Expolratory Study. *Journal of Business Research*, 1999, 46 (2).

[51] 彭艳君:《顾客参与量表的构建和研究》,《管理评论》,2010年第3期。

[52] 姚山季,王永贵:《顾客参与新产品开发及其绩效影响:关系嵌入的中介机制》,《管理工程学报》,2012年第4期。

[53] He J. Knowledge Impacts of User Participation. In: *A Cognitive Perspective Computer Personnel Research: Careers, Culture, and Ethics in a Networked Environment*. Tucson, 2004.

[54] Zhang R Y, Liu X M & Liu D W. Customer Knowledge Transfer and Service Innovation Performance: A Customer-firm Interaction Perspective. Xi'an Jiaotong University, 2007.

[55] Kellogg D L, Youngdahl W E & Bowen D E. On the Relationship between Customer Participation and Satisfaction: Two Frameworks. *International Journal of Service*, 1997, 8(3).
[56] Alam I. An Exploratory Investigation of User Involvement in New Service Development. *Journal of the Academy of Marketing Science*, 2002, 30 (3).
[57] Van der horst. User Involvement in New ICT Service Development: A Comparison of User Involvement in Business vs. Private Users Oriented Pre-competitive Cases. Netherlands: Utrecht University, 2008.
[58] Luteberget A. Customer Involvement in New Service Development: How Does Customer Involvement Enhance New Service Success. Agder University, 2005.
[59] Carbonell P, Rodriguez-escudero A I & Pujari D. Customer Involvement in New Service Development: An Examination of Antecedents and Outcomes. *Journal of Product Innovation Management*, 2009, 26 (1).
[60] Lloyd A E. The Role of Culture on Customer Participation in Services. Hong Kong Polytechnic University, 2003.
[61] 卢俊义，王永贵:《顾客参与服务创新、顾客人力资本与知识转移的关系研究》,《商业经济与管理》,2010 年第 3 期。
[62] Larssonk R & Bowen D E. Organization and Customer: Managing Design and Coordination. *The Academy of Management Review*, 1989, 14 (2).
[63] Dabholkar P A. Consumer Evaluation of New Technology Based Self Service Options: An Investigation of Alternative Models of Service Quality. *International Journal of Research*

in Marketing, 1996, 13(1).

[64] Von Hipplel E. *The Sources of Innovation*. Oxford University Press, 1988.

[65] Holbrook M B & Elizabeth C H. The Experiential Aspects of Consumption: Consumer Fantasies, Feelings and Fun. *Journal of Consumer Research*, 1982, 9 (2).

[66] Jaworski B & Kohli A. Co-creating the Voice of the Customer. *Service Dominant Logic of Marketing*, 2006, 18 (2).

[67] Ramirez R. Value co-production: Intellectual Origins and Implications for Practice and Research. *Strategic Management Journal*, 1999, 20(1).

[68] 曹勇，贺晓羽:《知识密集型服务业开放式创新的推进机制研究》,《科学学与科学技术管理》,2010 年第 1 期。

[69] 张若勇，刘新梅，王海珍:《顾客—企业交互对服务创新的影响:基于组织学习的视角》,《管理学报》,2010 年第 2 期。

[70] 范秀成，杜琰琰:《顾客参与是一把“双刃剑”——顾客参与影响价值创造的研究述评》,《管理评论》,2012 年第 12 期。

[71] 张辉，汪涛，刘洪深:《新产品开发中的顾客参与研究综述》,《中国科技论坛》,2010 年第 11 期。

[72] Millissa F & Cheung W. Customer Involvement and Perceptions: The moderating Role of Customer co-production. *Journal of Retailing and Consumer Services*, 2011, 32(18).

[73] Ja-Shen C, Hung-Tai T & Russell K H C. Co-production and its Effects on Service Innovation. *Industrial Marketing Management*, 2011 (40).

[74] Still K, Huhtamaki J & Isomursu M. Analytics of the Impact of User Involvement in the Innovation Process and Its Outcomes. Case Study: Media-Enhanced Learning (MEL) Ser-

vice. *Procedia-Social and Behavioral Sciences*, 2012, 46(8).

[75] Andreu L, Sanchez I & Mele C. Value Co-creation among Retailers and Consumers: New Insights into the Furniture Market. *Journal of Retailing and Consumer Services*, 2010, 17(4).

[76] Wu J. The Impact of a Customer Profile and Customer Participation on Customer Relationship Management Performance. *International Journal of Electronic Business Management*, 2009, 7(1).

[77] Danese P & Filippini R. Modularity and the Impact on New Product Development Time Performance: Investigating the Moderating Effects of Supplier Involvement and Interfunctional Integration. *International Journal of Operations & Production Management*, 2010, 30(11).

[78] Chan K, Yim C & Lam S. Customer Participation in Value Creation a Duouble-edged Sword? Evidence from Professional Financial Services Across Cultures. *Journal of Marketing*, 2010, 74(3).

[79] Hsieh A & Yen C. The Effect of Customer Participation on Service Providers' Job Stress. *The Service Industries Journal*, 2005, 25(7).

[80] Grissemann U S & Stokburger-Sauer N E. Customer Co-creation of Travel Services: The Role of Company Support and Customer Satisfaction with the Co-creation Performance. *Tourism Management*, 2012 (33).

[81] 周玉泉，李垣:《组织学习、能力与创新方式选择关系研究》，《科学学研究》,2005 年第 4 期。

[82] 于海波，方俐洛，凌文辁:《组织学习及其作用机制的实证研

究》,《管理科学学报》,2007 年第 5 期。

[83] Bouncken R B & Kraus S. Innovation in knowledge-intensive industries: The double-edged sword of coopetition. *Journal of Business Research*, 2013.

[84] [美]彼得·圣吉:《第五项修炼——学习型组织的艺术与务实》,郭进隆译,上海三联书店,1994 年。

[85] 吴翠花, 李慧, 张雁敏:《联盟网络中信任对知识创造影响路径实证研究》,《情报杂志》, 2012 年第 7 期。

[86] Volpe C E, Cannon-Bowers J A & Salas E. The Impact of Cross-training on Team Functioning: An Empirical Investigation. *Human Factors*, 1996, 38(2).

[87] 龙飞, 戴昌钧:《组织知识创新管理基础的结构方程分析与实证》,《科学学研究》,2010 年第 12 期。

[88] Bierly P E & Hamalainen T. Organizational learning and strategy. *Scand Management*, 1995, 11(3).

[89] Atuahene-Gima K. The Effect of Centrifugal and Centripetal Forces on Product Development Quality and Speed: How Does Problem Solving Matter? *Academy of Management Journal*, 2003, 46 (3).

[90] 蒋春燕, 赵曙明:《社会资本和公司企业家精神与绩效的关系:组织学习的中介作用——江苏与广东新兴企业的实证研究》,《管理世界》,2006 年第 10 期。

[91] 魏江, 李洁, 焦豪:《中小企业学习代理模式与组织学习绩效关系实证研究》,《商业经济与管理》,2009 年第 7 期。

[92] Hult G T M, Ketchen D J & Nichols E L. Organizational Learning as a Strategic Resource in Supply Management. *Journal of Operations Management*, 2003, 21(5).

[93] Baker W E & Sinkula J M. The Synergistic Effect of Market

Orientation and Learning Orientation on Organizational Performance. *Journal of the Academy of Marketing Science*, 1999, 27(4).

[94] Sinkula J M, Baker W E & Noordewier T. A Frame Work for Market Based Organizational Learning: Linking Values, Knowledge and Behavior. *Journal of the Academy of Marketing Science*, 1997, 25 (4).

[95] 林义屏:《市场导向、组织学习、组织创新与组织绩效间关系之研究》,台湾中山大学博士学位论文,2001 年。

[96] 谢洪明:《市场导向、组织学习与组织绩效的关系研究》,《科学学研究》,2005 年第 4 期。

[97] 曾萍:《学习、创新与动态能力——华南地区企业的实证研究》,《管理评论》,2011 年第 1 期。

[98] Hult G T & Ferrell O C. Global Organizational Learning Capacity in Purchasing: Construct and Measurement. *Journal of Business Research*, 1997, 40(2).

[99] Bontis N, Crossan M M & Hulland J. Managing an Organizational Learning System by Aligning Stocks and Flows. *Journal of Management Studies*, 2002, 39(4).

[100] 李永锋,司春林:《合作创新战略联盟中企业间相互信任问题的实证研究》,《研究与发展管理》,2007 年第 6 期。

[101] 李颖灏:《国外关系营销导向研究前沿探析》,《外国经济与管理》,2008 年第 12 期。

[102] Sirdeshmukh D, Singh J & Sabol B. Consumer Trust, Value and Loyalty in Relational Exchanges. *Journal of Marketing*, 2002, 66 (11).

[103] O'Connor G C & McDermott C M. The Human Side of Radical Innovation. *Journal of Engineering and Technology*

Management, 2004, 21(2).

[104] 姚山季，王永贵:《企业—顾客关系影响顾客参与新产品开发的多路径模型》,《经济管理》,2010 年第 11 期。

[105] McAllister D H. Affect and Cognition-Based Trust as Foundations for Interpersonal Cooperation in Organizations. *Academy of Management Journal*, 1995, 38(1).

[106] 王智宁，吴应宇，叶新凤:《网络关系、信任与知识共享——基于江苏高科技企业问卷调查的分析》,《研究与发展管理》,2012 年第 2 期。

[107] 李辉，李敬强，王克稳:《老顾客的价值都一样吗？——基于承诺——信任模型的异质老顾客保留意愿对比研究》,《经济管理》,2012 年第 3 期。

[108] 刘凤军，李辉:《社会责任背景下企业联想对品牌态度的内化机制研究——基于互惠与认同视角下的理论构建及实证》,《中国软科学》,2014 年第 3 期。

[109] Mcknight D H & Chervany N L. What Trust Means in E-Commerce Customer Relationships: An Interdisciplinary Conceptual Typology. *International Journal of Electronic Commerce*, 2001.

[110] 吕东:《转型经济背景下信任、组织学习对技术型新企业获取竞争优势影响的研究》,吉林大学博士学位论文，2012 年。

[111] Mayer R C, Davis J H & Schoorman F. An Integrative of Organizational Trust. *Academy of Management Review*, 1995, 20(3).

[112] Lewicki R J & Bunker B B. Trust in relationship: A Model of Development and Decline. In: Bunker B B & Rubin J Z(Eds). *Conflict, Cooperation and Justice*, 1995.

[113] 王雁飞，朱瑜:《组织社会化、信任、知识分享与创新行为:机

制与路径研究》,《研究与发展管理》,2012年第2期。
[114] 黄海艳，李乾文:《研发团队的人际信任对创新绩效的影响——以交互记忆系统为中介变量》,《科学学与科学技术管理》,2011年第10期。
[115] Grnroos C. Quo Vadis, Marketing Toward a Relationship Marketing Paradigm. *Marketing Review*, 2001 (3).
[116] Muller E & Zenker A. Business Services as Actors of Knowledge Transformation: The Role of KIBS in Regional and National Innovation Systems. *Research Policy*, 2001 (10).
[117] 魏江，陶颜，王琳:《知识密集型服务业的概念与分类研究》,《中国软科学》,2007年第1期。
[118] 曹勇，佘硕:《基于动态分析的中国知识密集型服务业概念与分类研究》,《管理学报》, 2009年第4期。
[119] Lovelock C H & Robert F Y. Look to Consumers to Increase Productivity. *Harvard Buisness Review*. 1979, 57(56).
[120] Silpakit P & Fisk R. "Participating" the Service Encounter: A Theoretical Framework. Service Marketing in a Changing Environment. American Marketing Association, 1985.
[121] Kristensson P, Magnusson P R & Matthing J. Users as a Hidden Resource for Creativity: Findings from an Experimental Study on User Involvement. *Creativity and Innovation Management*, 2002, 11(1).
[122] Fang E, Palmatier R & Evansk R. Influence of Customer Participation on Creating and Sharing of New Product Value. *Journal of the Academic Marketing Science*, 2008, 36(1).
[123] Rorter J B. A New Scale for the Measurement of Interper-

sonal Trust. *Journal of Personality*, 1967, 35(3).

[124] Barber B. *The Logic and Limits of Trust*. Putgers University Press,1983.

[125] Axelrod R M. *The Evolution of Cooperation*. Basic Books, 1984.

[126] Coleman J S. *Foundations of social Theory*. Harvard University Press, 1990.

[127] Moorman C, Zaltman G & DeshPande R. Relationships Between Providers and Users of Market Researeh: The Dynamies of Trust within and between Organizations. *Journal of Marketing Researeh*, 1992, 29(5).

[128] Doney P & Cannon J P. An Examination of the Nature of Trust in Buyer-Seller Relationships. *Journal of Marketing*, 1997, 61(4).

[129] Morgan R M & Hunt S D. The Commiment-Trust Theory of Relationship Marketing. *Journal of Marketing*, 1994, 58(2).

[130] 李科:《行业协会绩效评价研究》,武汉大学出版社,2008 年。

[131] Cooper R G & Kleinschmidt E. New Products: What Separates Winners from Losers. *Journal of Product Innovation Management*, 1987, 4(3).

[132] 中国证券报记者:《大数据“神器”助余额宝应对赎回》,《中国证券报》,2013 年 9 月 6 日。

[133] 刘顺忠:《对创新系统中知识密集型服务业的研究》,《科学学与科学技术管理》,2005 年第 3 期。

[134] Millissa F & Cheung W. Customer Involvement and Perceptions: The Moderating Role of Customer Co-production. *Journal of Retailing and Consumer Services*, 2011, 32(18).

[135] Ngo L V & O'Cass A. Innovation and Business Success:

The Mediating Role of Customer Participation. *Journal of Business Research*, 2013 (66).

[136] 魏江，王铜安，陆江平:《知识密集型服务企业创新组织结构特征及其与创新绩效关系实证研究》,《管理工程学报》,2009年第3期。

[137] 何德旭，张雪兰:《营销学视角中的金融服务创新:文献评述》,《经济研究》,2009年第3期。

[138] 范钧:《社会资本对KIBS中小企业客户知识获取和创新绩效的影响研究》,《软科学》，2011年第1期。

[139] 范钧:《顾客参与对顾客满意和顾客公民行为的影响研究》,《商业经济与管理》,2011年第1期。

[140] 姚山季，王永贵:《顾客参与新产品开发对企业技术创新绩效的影响机制》,《科学学与科学技术管理》,2011年第5期。

[141] 王琳:《KIBS企业—顾客互动对服务创新绩效的作用机制研究》,浙江大学博士学位论文,2012年。

[142] Rowley E J. Reflections on Customer Knowledge Management in E-business. *Qualitative Market Research*, 2002, 5(4).

[143] [日]野中郁次郎,竹内弘高:《创新求胜——智价企业论》,台湾远流出版社,1995年。

[144] Hendriks P. Why Share Knowledge? The Influence of ICT on the Motivation for Knowledge Sharing. *Knowledge and Process Management*, 1999, 6(2).

[145] Tan M. Establishing Mutual Understanding in Systems Design: An Empirical Study. *Journal of Management Information Systems*, 1994 (10).

[146] 闫芬，陈国权:《实施大规模定制中组织知识共享研究》,《管理工程学报》,2002年第3期。

[147] Gadrey J & Gallouj F. The Provider-customer Interface in

Business and Professional Services. *The Service Industries Journal*, 1998, 18(2).

[148] 魏江，胡胜蓉，袁立宏:《知识密集型服务企业与客户互动创新机制研究:以某咨询公司为例》,《西安电子科技大学学报》，2008 年第 3 期。

[149] Gupta A & Govindarajan V. Knowledge Flows within Multinational Corporations. *Strategic Management Journal*, 2000 (21).

[150] 王娟:《组织内部知识共享过程中的影响因素分析》,《情报科学》,2012 年第 7 期。

[151] Kelly D & Amburgey T L. Organizational Inertia and Momentum: A Dynamic Model of Strategic Change. *Academy of Management Journal*, 1991, 34(3).

[152] Baum J A C & Ingram P. Survival-enhancing Learning in the Manhattan Hotel Industry. *Management Science*, 1998, 44(7).

[153] 谢洪明，韩子天:《组织学习与绩效的关系:创新是中介变量吗——珠三角地区企业的实证研究及其启示》,《科研管理》，2005 年第 5 期。

[154] Dodgson M. Organizational Learning: A Review of Some Literatures. *Organization Studies*, 1993, 14(3).

[155] Hedberg R. How Organizations Learn and Unlearn. *Oxford*, 1981.

[156] 陈建国:《信息的新财富观与组织学习的信息能循环机理》,《湖南师范大学社会科学学报》,2003 年第 4 期。

[157] 陈国权，马萌:《组织学习——现状与展望》,《中国管理科学》,2000 年第 1 期。

[158] Lee J N. The Impact of Knowledge Sharing, Organizational Capability and Partnership Quality on IS Outsource in Suc-

cess. *Information & Management*, 2001 (5).

[159] Kam W & He Z. The Impacts of Knowledge Interaction with Manufacturing Clients on KIBS Firms Innovation Behavior. The UNU/WIDER Conference on the New Economy in Development, 2002.

[160] Lagrosen S. Customer Involvement in New Product Development: A Relationship Marketing Perspective. *Journal of Innovation Management*, 2005, 8 (4).

[161] Alegrea J & Chiva R. Assessing the Impact of Organizational Learning Capability on Product Innovation Performance: An Empirical Test. *Technovation*, 2008, 28(6).

[162] 谢洪明，吴隆增，王成:《组织学习、知识整合与核心能力的关系研究》,《科学学研究》, 2007 年第 2 期。

[163] Bettencourt L A. Customer Voluntary Performance: Customers as Partners in Service Delivery. *Journal of Retailing*,1997.

[164] Miozzo M & Grimshaw D. Modularity and Innovation in Knowledge-intensive Business Services: IT Outsourcing in Germany and the UK. *Research Policy*, 2005, 34(9).

[165] 王萍，魏江，邓爽:《知识密集型服务企业与合作者合作创新现状》,《科研管理》,2010 年第 3 期。

[166] 路琳，梁学玲:《知识共享在人际互动与创新之间的中介作用研究》,《南开管理评论》, 2009 年第 1 期。

[167] Neale M R & Corkindale D R. Co-Developing Products: Involving Customer Earlier and More Deeply. *Long Range Planning*, 1998 (31).

[168] Barker R T R C M. The Role of Communieation in Creating and Maintaining Learning Organization: Preconditions, In-

dieators, and Disei Plines. *The Journal of Business Communication*, 1998 (35).

[169] 戴万稳，赵曙明，蒋建武等:《复杂系统、知识管理与组织学习过程动态模型研究》,《中国软科学》,2006 年第 6 期。

[170] Hauknes J & Knell M. Embodies Knowledge and Sectoral linkages: An Input-output Approach to the Interaction of High-and low-tech Industries. *Research Policy*, 2009, 38 (3).

[171] 魏江，朱海燕:《知识密集型服务业功能论:集群创新过程视角》,《科学学研究》,2006 年第 3 期。

[172] McEvily B & Marcus A. Embedded Ties and the Acquisition of Competitive Capabilities. *Strategic Management Journal*, 2005, 26 (11).

[173] Lengnick-Hall C, Claycomb C & Inks L. From Recipient to contributor: Examining customer roles and experienced outcomes. *European Journal of Marketing*, 2000, 34(3).

[174] Van Beuningen J, Debuyter K & Wetzels M. Customer Self-efficacy Intechnology-based Self-service: Assessing between-and within-person Differences. *Journal of Service Research*, 2009, 11(4).

[175] Bonner J M. Customer Involvement in New Product Development: Customer Interaction Intensity and Customer Network issues. University of Minnesota, 1999.

[176] European Commission. European commission green paper on Innovation. 1996.

[177] Mehta N. Knowledge Integration in Softwareteams: Anassessment of Team Project and It Related Issues. UnPublished Auburn University, 2006.

[178] Anonymous. Invista's Fabric for Successful Differentiation.

Strategic Direction, 2006, 22(3).
[179] William R K, Chung T R & Haney M H. Knowledge Management and Organizational Learning. *Omega*, 2008, 36(2).
[180] 刘顺忠:《组织学习能力对新服务开发绩效的影响机制研究》,《科学学研究》,2009 年第 3 期。
[181] 谢洪明, 王成, 罗惠玲:《学习、知识整合与创新的关系》,《南开管理评论》,2007 年第 2 期。
[182] 蒋天颖, 张一青, 王俊江:《战略领导行为、学习导向、知识整合和组织创新绩效》,《科研管理》,2009 年第 6 期。
[183] 许庆瑞, 徐静:《嵌入知识共享平台,提升组织创新能力》,《科学管理研究》,2004 年第 1 期。
[184] 王琳, 魏江:《顾客互动对新服务开发绩效的影响——基于知识密集型服务企业的实证研究》,《重庆大学学报(社会科学版)》,2009 年第 1 期。
[185] Churchill & Gilbert. A Paradigm for Developing better Measures of Marketing Constructs. *Journal of Marketing Research*, 1979, 16(4).
[186] Skaggs B C & Youndt M. Strategic Positioning, Human Capital and Performance in Service Organizations: A Customer Interacting Approach. *Strategic Management Journal*, 2004 (25).
[187] 王永贵:《顾客创新论——全球竞争环境下"价值共创"之道》,中国经济出版社, 2011 年。
[188] 赵国祥, 王明辉, 凌文辁:《企业员工组织社会化内容的结构维度》,《心理学报》,2007 年第 6 期。
[189] Nyhan R C & Marlowe H A. Development and Psychometric Properties of the Organizational Trust Inventory. *Evaluation Review*, 1997, 21(5).

[190] 方世荣，杨伟智，文琼:《新产品开发绩效之研究管理观点》，《科技管理学刊(中国台湾)》,2004 年第 1 期。

[191] Podsakoff P M & Organ D W J. Self-reports in Organizational Research: Problems and Prospects. *Journal of Management*,1986, 12(4).

[192] Hateher L. A step-by-step Approach to Using the SAS System for Factor Analysis and Struetural Equation Modeling, 1994.

[193] Baron R M & Kenny D A. The Moderator-mediator Variable Distinction in Social Psychological Research: Conceptual, Strategic, and Statistical Considerations. *Journal of Personality and Social Psychology*, 1986 (51).

[194] Little T D, Card N A & Bovaird J A et al. Structural Equation Modeling of Mediation and Moderation with Contextual Factors. Lawrence Erlhaum Associates, 2007.

[195] Aiken L S, West S G & Reno R R. Multiple Regression: Testing and Interpreting Interactions. Sage Publications, 1991.

[196] Srivastava A, Bartol K M & Locke E A. Empowering Leadership in Management Teams: Effects on Knowledge Sharing, Efficacy, and Performance. *Academy of Management Journal*, 2006, 49 (6).

[197] Easterby-Smith M, Lyles M L. & Tsang E W K. Inter-Organizational Knowledge Transfer: Current Themes and Future Prospects. *Journal of Management Studies*, 2008, 45(4).

[198] Hargadon A & Sutton R I. Technology Brokering and Innovation in a Product Development Firm. *Administrative Science Quarterly*, 1997, 42 (4).

[199] Amabile T M. *Social Psychology of Creativity*. Springer-

Verlag, 1983.

[200] Gebert H, Geib M & Kolbe L. Knowledge-enabled Customer Relationship Management: Integrating Customer Relationship Management and Knowledge Management Concepts. *Journal of Knowledge Management*, 2003, 7(5).

[201] Gallouj F. Innovating in Reverse: Services and the Reverse Product Cycle. *European Journal of Innovation Management Bradford*, 1998, 12(3).

[202] Ja-Shen C, Hung-Tai T & Russell K H C. Co-production and Its Effects on Service Innovation. *Industrial Marketing Management*, 2011, 33(4).

[203] Ursula S & Nicola E. Customer Co-creation of Travel Services: The Role of Company Support and Customer Satisfaction with the Co-creation Performance. *Tourism Management*, 2012, 33(5).

[204] Schulte P, Wegenera S & Neusa A. Innovating for and with Your Service Customers: An Assessment of the Current Practice of Collaborative Service Innovation in Germany. *Procedia Social and Behavioral Sciences*, 2010, 22(2).

[205] Hsua M, Jub T & Yenc C. Knowledge Sharing Behavior in Virtual Communities: The Relationship between Trust, Self-efficacy, and Outcome Expectations. *Human Computer Studies*, 2007, 65(6).

[206] Chow W & Chan L. Social Network, Social Trust and Shared Goals in Organizational Knowledge Sharing. *Information & Management*, 2008, 45(2).

[207] Foss N. Linking Customer Interaction and Innovation: The Mediating Role of New Organizational Practices. *Organiza-*

tion Science, 2011, 22(4).

[208] Senge P. Sharing Knowledge. *Executive Excellence*, 1997, 14(11).

[209] Dixon N. *Common Knowledge: How Companies Thriveon Sharing What They Know*. Harvard University Press, 2000.